疼惜秋扇

曾淑貞／著

文史哲出版社印行

國家圖書館出版品預行編目資料

疼惜秋扇 / 曾淑貞著. -- 初版. -- 臺北市：文史哲, 民 87
面： 公分. -- (文學叢刊 ; 72)
ISBN 957-549-124-6(平裝)

857.7　　　87002098

文學叢刊 ⑫

疼惜秋扇

著　者：曾　淑　貞
郵政劃撥帳號：10507827 曾淑貞
電話 886-2-23686640
出版者：文史哲出版社
登記證字號：行政院新聞局版臺業字五三三七號
發行人：彭　正　雄
發行所：文史哲出版社
印刷者：文史哲出版社
臺北市羅斯福路一段七十二巷四號
郵政劃撥帳號：一六一八〇一七五
電話 886-2-23511028・傳眞 886-2-23965656

實價新臺幣三二〇元

中華民國八十七年二月初版

ISBN 957-549-124-6

序

住過山村的，喝過竹管引來終年滴答不盡的泉水；遊過青山的，見過泉水與時光編組出無限的生活精華，與值得發揚的文化。

初中求學時代，要有一本課外讀物，屬於我們的文學，簡直比登上西天還要難。一天，和住街上，家裡開文具店的同學，借到一本紅樓夢，爲了在放學前看完，每節課把書躲在抽屜裡看，慶幸沒有被老師發現，可是沒有看完就要還她了！

放學回家，和阿母要了她裁縫賺取的五毛錢，跑到小店。老闆用廢紙，裁成大約十公分左右的正方形，將此方形紙用自製的漿糊黏貼好一大疊，漏斗形狀的袋子。他拿一個和神桌前供奉先人米酒，一般大小的小酒杯，舀了一杯花生米，阿貞拿著香香的花生米，滿懷希望的跑回家，盛了碗冷飯。一顆一粒的數著花生米，配著一口一口香到舌頭快一起咬到的米飯。

稍長進入高中，每逢二月開學，大夥兒拿著阿母蒸的年糕慢慢的啃，家常便飯緩緩的聊，慶幸身爲中國人，有很多的東西，永遠不明白，永遠聊不完，聊出詩經、古人的話語、典章、老師的故事……。

後漢光武帝，需要一個博學多聞的人，大夫宋弘將桓譚介紹給光武帝，並對武帝說：

「他的學問可以和辭賦家、經學家比美。」

於是桓譚得以在光武帝身邊服務。每次宴會，桓譚用淫穢的鄭國音樂愉悅光武帝。此事被宋弘知道了，立即叫桓譚見他，備受責備。並向光武帝謝罪：

「我推薦桓譚是希望他以中正輔助王朝，現在朝中愛聽鄭音，是我的罪行。」

光武帝罷免了桓譚，並說是他自己的錯誤，從此更敬佩宋弘的爲人。

這時光武帝有個姐姐湖陽公主死了丈夫，她很敬慕宋弘，光武帝便召見宋弘：

「一個人地位高了，就要改交另一批高貴的朋友；一個發了財的人，就要將原來的妻子換掉，你覺得這是人之常情嗎？」

「我聽說一個人在貧困時交的朋友，不應該忘記，和自己共患難的妻子，無論環境變得如何富有，也不能將她拋棄。」

光武帝和公主聽他這番話，只好放棄自己的想法。

阿貞倏忽地覺得，身爲中國人要及早接見自己的生活藝術和文字、文學……爲人師者、爲人父母者、爲人夫妻者、爲人朋友者、爲人社會者……都有各不相讓的責任；每個人把責任擔當起來，別讓我們的根和小樹根一樣，繞錯了方向，越繞越遠。我們的典章不致於被功、利所沉迷，本土不致於被現代的喧囂塵埃而落定；讓我們親身感受自然的美好，成長後遙想學習的童年，邊走路邊遊山玩水，邊遊山玩水邊背書，邊乘涼邊吃柚子，邊吃柚子邊灌蟋蟀，聽阿公講古、講經典，從而認同自我，關懷闊闊鄉土，尊重他人，進而以同理心，尊重文化、尊重所有生命。

漸長，上康教授的古典文學，爲了交紅學報告，找遍附近圖書館有關作者、石頭記……資料，那時才深深明白，太晚進入文學的天空。

關懷鄉土，並非一小群人關懷的理念。人來到世上，只不過是過站的旅客，旅客要遵守旅客互相尊重的規則；閒暇時刻，挪出的時段，大家關懷大家，大家多聽聽弱勢族群，如走得慢慢的老人，沒有聲音的大、小把秋扇……大家快快樂樂的，追本溯源，對事事物物，都有濃濃的興趣與關切。

今以山明水秀的青山作屏，神桌山下魯國堂的三合院，它源起的故事爲背景。部份與正典、儒家明示、詩經相似的連結爲題材，描寫宇宙少許生命，燕子的散去、人間如花香般的秋扇見捐，何等之無奈！

如何會使這輩更惜福、惜物、惜……如何會使老一輩留在文化上的目光更滿足呢?!

一本書的誕生，像嬰兒出生一樣，並非全然由一人迎接新生兒。感謝啓蒙我的家庭、師長、多年來校長及所有同事、朋友給予我，有愛的寫作環境，竹師院語教系范文芳教授，給予指點。出版前，家逢災變，措手不及，陷入低潮，王華芬校長領著吳秀瑩老師、尤素眞老師、王筱玲老師、陳素齡老師代爲校對，與中國文藝協會秘書長綠蒂先生全力提攜晚輩，一併衷心感念，深致謝意。

淑貞　民八十六年

一九九七年十二月台北芝蘭之室

第一章　鄉土情懷

一

八月底的黃昏，微風吹著陳家門口塘邊的農園，山腰炊煙徘徊。斜陽照在一輪剛剛犛好的土條上，田水一片霞彩。

傳祖在耙田，粟米穿著荷葉花邊的裙子，玩水、捉河蜆。粟米早已摸清楚潔淨流水潺潺的山圳裡，河蜆聚集在哪？它們在沙子多，並且靠近圳岸邊，只要看沙面的密、疏，她確定這兒有河蜆，多或少？或大小！在這屬於她的小溪裡，讓她體會出她阿公書中：

《莊子・天運》：「在谷滿谷，在坑滿坑。」

對河蜆來說，河流唱歌的聲音，不拘常調；對小小年紀的粟米來說，河蜆的數量，多得無法計數。

她愛上了流動的水，認識隱居的沙中物。她悟出：父母愛孩子，孩子的成長，父母的愛不能停止，要川流不息的道理。

無怪乎，課本裡，住山村的偉人，愛看魚兒努力往上游的情景；住海邊的偉人，愛它激進澎湃的浪花，熟識軟軟海域的魚苗。

粟米雙手伸進去，或用竹畚箕一舀，總是八、九不離十。不停的把河蜆放到桶子，嘴裡哼哼唧唧。

一會兒跑到溪岸：「阿爸，要回家了嗎？」

「快了！快了！可以準備了！」沒有回頭，大聲的說。

「短命牛，短命牛母，還不走快一點！」傳祖大聲的罵。

粟米轉身低頭慢慢往溪流走，聽見傳祖頻頻抽牛背，篠鞭子的聲音。

她低下頭來，停住腳步。想到阿公和她說「孟子」的故事：

齊宣王問孟子，齊桓公和晉文公的霸業，孟子回答說：

「沒聽過，不過可以談用仁政治理天下的王道。」

齊宣王問孟子：

「他是否可以做到？」

「可以。宣王有一次看到要牽去釁鐘的牛，因恐懼而發抖，起了不忍之心。有了這種仁心，就可以實行仁政。」

「是什麼道理？」

孟子反問一個問題：「假使有人向大王報告，說他的力氣能舉起三千斤重的東西，卻拿不動一根鳥羽毛，或說他的視力，可以看清楚野獸毛的末稍，卻看不見一車的木柴，大王相信他的話嗎？所以百姓沒有受到保護，就是宣王不肯施恩造成的。」

在粟米眼裡，她不知什麼大道理，阿爸駛的牛母，滿頭大汗的，龐大的骨架，細瘦的四肢，眼光直視著自己要耙的田，頸項掛上重大的木架大繩，完全沒有沉思、喘息的時間。

等一下她阿哥雲集、雲厚，挑來那兩擔，青青嫩嫩的草，更加深了牛母沉重的責任，而感受到不忍。

阿公說：泉水乾涸了，魚兒被困在陸地上，便相互吹著氣，吐出口水，來濕潤鱗、殼，苟延生命。

她應該以極微乎其微的力量，相互救援。

她把河蜆的水倒乾點兒，河蜆輕輕倒在淺水邊，撿起長大的河蜆，放回所有的小河蜆，在牛母來喝水踏不到的地方。

提著重重的木桶，一拐一拐的走向晒穀禾坪。

「雲集、雲厚回家了！」傳祖往山坡大聲的喊。

「聽到了！」愉快的聲音。

他們動作快馬加鞭的，互相叮嚀著，挑起草兒，輕輕的哼出熟悉的聲音：

一枝扁擔中原挑到台，
挑盡唐山滄海事，
一枝擔竿中原挑到台，
挑盡歷代風雲史
扎實、扎實竹擔竿，

軟硬、軟硬不會斷，

有彎、有直竹擔竿，

代代相傳萬古留方……。

傳祖牽牛往小溪喝水，自己在禾坪喝完茶水。

粟米走過，裙子的水一滴滴的滴到禾坪來。

二

大地漸暗，微風帶來處處的草香、炊煙香。

雲集、雲厚、粟米、傳祖成一路縱隊，走過田埂、竹橋、小路。（傳承和長子雲梓，從另外田園收工回家途中）

他們和村人一樣，在陣陣哇鳴聲中，享受著大自然的樂團，發表那永恆的樂章。

「哥哥，河蜆好多啊！哇！還有好多好多，好小好小的，整條溪流都是，我捨不得撿小的。」

「快走啦，肚子好餓呀！」

「哥哥！我跟你講，河蜆的顏色黃金色，眞亮眞好看！」

「在大河游泳更舒服！」

「阿哥下次教我。」

「沒問題！」

他們精疲力盡的終於爬上坡來，三合院的火盞光從正廳、橫屋隱約映照到他們的鼻尖。兩房的人收拾工具。

晚餐後，各自拿著乾淨的衣服，影影綽綽，山明水秀環繞下的三合院，漸漸靜悄悄的。傳祖打鼾聲很大。

紅袖已穿好睡衣，提著火盞，輕輕的走到架子床前，蹲下來，小心翼翼的搬移幾個剖菜、豆豉罐子，拿出燙斗到廚房，把火灰裡的火種挾進燙斗，木屐聲輕輕的，走回臥房。

不一會兒，她提起衣服看一看，好像沒有任何摺疊痕跡。

她輕柔柔的躺進傳祖身邊，他鼾聲停止，側過身來。她搖搖傳祖的左肩，他沒有反應。她伸手抓他的背，他無意醒來，她左腿跨在他的身上，摟抱他睡著。

第二天清晨，迷迷濛濛。

靠近廚房後門「長年」裁過的扶桑花籬笆，葉子被灶火照得更晶瑩剔透的露珠兒，紅得快要滴下來時，紅袖、己妹早已在廚房做好一大片的工作。

紅袖在包加鹽的飯團，粟米跟隨左右：

「阿母，包那麼大給誰吃？」

白霧看清楚單家園屋，三合院的黎明即起，灑掃應對，它漸漸遠行。

傳祖牽出腳踏車，一件件紅袖做的內外衣褲包袱，被出遠門的繩結繫上。

「放假要快回家。」紅袖往廚房走回。

「阿爸再見！」雲集、雲厚、粟米三個在院子裏，瞪著傳祖前往的小徑。

「粟米要乖！」傳祖往滿是露水，茶香撲鼻，三合院唯一外出的小徑遠行。

雲集、雲厚往廚房走入，粟米在柚子樹下，直瞪著阿爸的背影下坡、轉彎，漸漸的，只看到叢叢佇立的茶樹。

「粟米，妳餓了嗎？來，阿母蕃薯焴香香了。」紅袖大聲叫她回廚房。

「阿母，肚子餓的感覺是怎麼樣？」

「阿母也說不上來，以後妳餓過一次，不就知道了嗎！」

紅袖遞隻湯匙給坐在屋簷下的粟米，她完全沒想到，別的地方還有多少的童年，沒有吃過那麼好吃、那麼香的蕃薯。她想著她阿婆說的：焴蕃薯最好，青菜吃太多，冷底了，不小心拉肚子，焴蕃薯吃兩條就好了。

愛青菜的她，慢慢的吃著地瓜。

雲集走來：

「吃東西那麼慢，還有一條蕃薯，不等妳了。」

「給阿哥，我好飽。」

三

天晴的八月底，傳祖離開三合院以後，一路是細緻的好風光。藍綠的天，一巒巒，一座座的山，枕來睡，坐來靠的喬，一抹灼灼跳動的蘆葦、菅芒草。沿著道路騎著，剛揷入的秧苗、花草、昆蟲，楓紅染綠了河谷、梯田。

勤奮、努力以赴於整年的農村風尙，是傳祖滿懷希望的交會。

過了一個鄉村，又一個鄉村，汗流浹背時，他停止前進，喘一口氣，濕漉漉的汗衫，擠出了鹹鹹的水滴。

他遠望遠方，丘陵地的那一邊有幾戶村落，裊裊青煙繚繞上升。

他繼續的騎著，約略午後三時多，才到達那所要新就職的學校。

剛進校門，被校長、村民……引進辦公室。

校長笑容可掬，體恤的說：

「你到了，辛苦！辛苦！」

這句話對即將兄弟自然分家，抽籤決定分配田園，各自煮炊，責任變動的傳祖來說，是責無旁貸。

「來！我來爲你介紹。」校長一一讚賞。

「這位是年資最深的黃老師。」

「這位是以校爲家的潘老師。」

「……。」

「請！洗手。」滿面笑容，皮膚黝黑的工友，指向門外的臉盆。

他們閒話家常，安貧樂道。

放眼所見，一片片桃樹園、山楂園、茶園、梨園……是他們的鄰居，蜿蜒小徑是他逛不厭的街坊。傳祖明白，他們生活的節奏和他相容，酒令和酒杯、用竹桶裝飯、用瓜瓢兒舀水、吃過茄冬樹子、楊梅……生活節儉，飲食簡單。隱居廣大山區，爲人度量寬大，人人自言自歌，心中實實在在，怡然自樂，永生不離此地。

午後的豔陽被傍晚淡淡柔美所取代，懷著幾許溫情，幾許歡樂的人，相聚在一起。

香菇雞、鴨肉、鵝肉、豬腸炒薑絲、田螺炒九層塔、豆乾湯、桔仔醬、空心菜炒蒜頭、筍乾配蹄膀……。村長、黃金伯釀製的陳年葡萄酒、平地熟原住民阿瓦那斯釀製的米酒……擺滿一桌。迎新餐會的酒菜，使得每個臉熱得通紅。

阿瓦那斯，穿尼龍上衣：

「一件十元買來，快樂的時候穿的。」

透明的！好看！可以看見厚實的胸膛，健挺的背脊，手臂的肌肉。

「我老婆，還可以看清楚，我身上的組織。」

他赤銅色的皮膚，齒若白貝，雙眸分明，眼光炯炯有神，一副好農民，富有挑戰者、打擂臺、勇往直前的模樣；可是打山豬、打大羌、捉兔子……刮破他整個背部的內衣；出天花時沒空看醫生，弄得滿臉都是天花，不過還是很帥的模樣，而且唱起歌來，比常常唱山歌的傳祖、老師……唱得更動人。

他們一個接一個不分勝負的。

他唱的歌離不開：

一片金黃稻穗，
相看兩不厭倦的青山，
喝不盡的泉水，
我家在山的那一邊，
綠色的搖籃就是我的家！

又唱又跳，又吹竹笛又陶醉，把一屋子帶動得熱熱鬧鬧。

其他人也把山歌仔搬搬出來，唱的是：

大家坐等笑連連，

聽俺唱歌不必錢，
唱條山歌來恭祝，
榮華富貴千萬年；
俺唱山歌結朋友，
時常聯絡唔好丟，
有閒時節要來聊，
粗茶淡飯老妹有……

大家你一首我一首的，或是合唱腔。

連三十八年才來台的校長，也不甘示弱：梅花開滿山崗，愈寒愈冷花愈香，國花能奈寒霜雪，中華兒女當自強……山歌仔也唱唱出來。

「樂園，峭島，倆個相好……樂園，峭島，倆個相好。」數十分鐘後，幾個男人，帶著與平常不同的體溫回家，每個妻子感覺到，他們的血液裡，有了香醇美酒的行列。

四

第二天，傳祖走進教室，他沒有微笑。

穿著非常寬鬆的卡其制服，孩子氣重重的學童，目不轉睛的注視著他。

「起立、敬禮、坐下。」班長喊。

傳祖在黑板上出數學題目：帶 600 元買學用品，買毛筆用去百分之 25 ，買筆記本用去剩下來的一半，買筆記本用去多少元？

傳祖轉身：「張金龍，這題怎麼算？」

金龍站著，沒有回答，看傳祖又看題目。

傳祖怒目四射，用板擦丟他：「腦袋像扛窟立！」

「張有生回答。」

張生沒有回答，俺沒命了，像被鬼纏著，又像虎頭蜂快叮到一樣，全身冷汗、熱汗分不清，黃卡其衣濕熱起來。

「過來！」叫聲像響雷公。

他手腳無力，像即將被行刑的囚犯，「軟態態」的走出。

啪！啪！左右各一個耳光劈下去，他感覺烏天暗地，倒在地上。傳祖根本不擔心自己，如果打死了他，如果傷害到他，怎麼辦？氣急敗壞的到辦公室抽菸。

下課鐘聲響起，全班料想不到，怎麼來了這般可怕的老師！每個竊竊私語，認爲他挺挺的長褲口袋裡，不知放著甚麼？或許是炸山豬的自製土彈，隨時掏出並且丟過來。

學生甲：

「我以爲我瞎子，不小心騎到瞎馬，走到懸崖邊。不過聽我阿爸說，他的學生都能夠考上初中？」

學生乙：

「何止考上，前三十名都是他包辦的。」

「總共才考一百二十個呢！」

「我還以爲我變成嬰兒，睡在水井的蘆薈上，還好沒被點到！」

上課鐘聲響起，這節沒有上算術，還是講授一些他的斯巴達式教育，崇拜他的希特勒領袖，學生聽得無可奈何，莫宰羊。

五

不同一座山的那一邊也開學了。

雲集、雲厚、粟米、玉貞、雲梓和村莊的學童，走到一眼望去，山巒層層疊疊間。萬里晨光灑落田野，童謠，歌聲、笑語、濃密的茂林，繫於永恆的綠浪間，他們嘻嘻哈哈，嘰嘰喳喳，唸唸有詞：

「一張臺，四四方方一張臺，年年讀書俺也來，你讀三年不識字，我讀三年進秀才。先生教我人之初，俺教先生打山豬，山豬漂過河，跌到先生背駝駝。」

他們走到永遠聽不到蟬鳴，吹不進拂過春風的山城：

「快！快過去！那個是昨天新埋葬的。」雲集催弟弟、妹妹。

幾個孩子的眼睛，注視著山頂，直奔山口，山口來了一陣，不知情的涼風，霎時吹彈了滿城風雨；接到了涼風，每人喘了一口氣，又嘻嘻哈哈，童謠連連的了。

「勤儉姑娘，雞啼起床，梳頭洗面，先煮菜湯，灶頭鍋尾，光光瑞瑞，煮好早飯，剛好天光……。」

不知不覺走了又一個鐘頭，它們直奔到河道，洗濯穿鞋以後，上坡進校門，開始上課：

「……小朋友，孝順包含很廣，今天只舉一個日常生活的小例子：爲人子女奉養父母，要有恭敬的心意。如果只知供奉飲食，而沒有恭敬的心意，那麼和養你家的犬、牛、馬、……又有什麼分別呢？」

「李花白，桃花紅，花裡許多小蜜蜂，嗡嗡嗡、嗡嗡嗡……。」

中午，粟米、玉貞、雲梓先放學。

走在深山裡，正傾盆大雨中，如猛獸的山洪，未暴發前，他們已經渡過了大河。在上坡、下坡、小橋間，和早上不一樣的天空下，編織著：看不厭那深綠、淺綠的青山。

就在此時，所有住在山的那一邊的學童，都享受著提早放學，正朝著深深的溪谷，準備渡過。

大自然千變萬化，對住山村的他們來說：是不可測量的。

然而雲集他們知道，過了這坡地，走過那雜草叢生的盡頭，到了山頂，走下去就是「墓埔」。

心裡似乎感覺出：蛇聲鬼嗷，又似乎有連續哭泣，卻壓抑自己聲音的嗷咷古人，純眞的她們倏而明白：樹欲靜而風不止，子欲養而親不待的道理；但是，不一定明白歧路亡羊，世事複雜多變，求道的路中又有岔路。

十年、二十年、三十年……以後，彩色新聞報導中，執法的先生公開場合毆打自己的妻子。美麗動人的妻子：

「他昨天打我根本不把我當成是人，我一坐下來，他打我的頭，又踢我的肚子。」

記者表示：

「她的大腿、腹部、手臂和臉頰，都因爲丈夫的拳打腳踢，而傷痕累累。結婚十二年以來，丈夫經常在外面酗酒，徹夜不歸，而每次喝完酒之後，就回家毆打、恐嚇被害人。」

「他可以在外面喝酒、交很多女朋友。而看到我沒有在家等他，就打我。他常常恐嚇我：如果我沒有回到他身邊的話，他要殺害我全家，我已經報案，因爲我相信，只有法律能保護我。」

更沒有想到，墓穴不一定是埋年齡大的屍骨……甚至於埋被撕票的、被剁碎手指頭蹂躪、被踢胸部、心肝、腹部破碎、撞擊頭部、折磨而死的、被當人質、一個一個從窗戶丟屍體下來的、爲抗議父母親、子女、親人、冤情而自殺的、被強暴而死的、甚至於埋犯法被處死刑………的。

粟米她們胸口咚！咚！的發寒，毛骨悚然，一步一步輕輕的怕驚醒了鬼；腳踮高，踩在雜草叢生的縫隙中。

「妹妹，我們來繼續小聲唸，阿婆教的好姑娘。」

「我忘記怎麼唸了！」

「跟著姊姊唸。灑水掃地，擔水滿缸，吃完早飯，洗淨衣裳，上山撿柴，急急忙忙，淋花種菜，哇！」

從右腳草叢裡，鑽出一條又青又大的蛇，牠舌頭伸出，兩眼凶狠的探視，好像要攻擊人的模樣，粟米拉住妹妹們，急速後退，眼睛盯住走動的青蛇，一手拉開弟妹，一手揑著她們的耳朵：

「不要怕！不要怕！」

「姊姊，媽媽說，我們不弄蛇，蛇不會來咬我們。」

走著，走著，雨越來越大，眼前突然擊來一道明光，隨即雷聲震耳，她們被擊倒，嚇爛膽死似的，隨雷聲蹲下去，剩半條命，簡直是不可思議的世界。

怪不得紅袖眼神常說，電光像佛法，佛法像電光一般快，必需當下領悟，否則一下子化作塵俗之事，便無法領略了！人在宇宙的時空，非常渺小的，而名利像電光石火，轉眼成空，又何必去苦求呢?!

他們領悟到，風馳電掣的速度；但不知是否壞心的人，才會遭雷擊?懷抱一顆善良的心爲是！

她們注意到山坡下，久久站不起來。

等到繼續走時，腦海一直甩不掉，左邊山坡下，一個叫聲震天，農婦的哭哭啼啼。七、八個孩子，阿爸！阿爸的呼叫。一個穿著蓑衣死翹翹，在田裡被擊斃的畫面。

她們腳步重重的往前走。

耳聞早上雲集說的話，眼角隱約掃瞄到那堆新土，只顧拉著弟妹，心跳、腳步無法協調的感覺。她們腳動，心靜觀其變，通過這大片大概是悽苦的世界。過了幾個大彎，回到她阿公、阿爸書中的桃花源：

「復行數十步，豁然開朗。」

山水畫中的三合院，遙望在眼前。

「姊姊，媽媽說，害怕時口唸阿彌陀佛，就沒有鬼。」

「喔！我忘了。」

「姊，教我們好姑娘。」

「好。」

她們吃到大大酸甜褐色的，茄冬樹子、月桃花果、酸得又驚又喜。

「……燉酒熬漿，紡紗織布，唔離房間，針頭線尾，收拾箱櫃。唔說是非，唔敢荒唐……。」

口頭唸著，笑容滿面的走上坡來，撲向義妹身邊，加入堂妹們遊戲的陣容。

六

傳祖吹熄燈火上床，和三合院同一個月光，照平了塘面的水，照進這窗台，他翻來覆去，似是而非的看到紅袖，穿紅花薄薄麻紗衣，隱約映襯出她豐腴柔美的身子，在陳家臥房裡。

他明天回家準備接妻兒過來，不知阿爸答應嗎？他阿爸分給他的田給阿箽耕。竹林、相思樹林，幾年才長大起來能斬一次，工人都到工廠，人工算算起來沒什麼營利。

三合院大人各忙各的，小孩在院子裡吃米仔麩。稍後暗暗的夜，陪伴每一家睡熟人。

「七月初，傳祖去對面徐屋『吃完工』那天，紅袖等到天亮。」

「沒回家，去哪裡？」

「吃酒醉倒在河邊，被阿春背回她家。」

「快醒醒，快醒醒！會被淹死！」

傳祖連眼眸子都沒睜開。

「老公病死的那個阿春？」

「嗯！」義妹道。

第二天是中元節，紅袖和家家戶戶一樣，一大早忙得不可開交，準備牲禮、金香、晚上拜好兄弟要用的紙衣、果品。

粟米帶著妹妹們是越幫越忙，餵小堂妹吃「水粄」。玉貞用草扎成的毽子，踢來踢去，構成世世代代不褪色的畫面。

包粽子她們也要學，三、四個大人小孩，有的包，有的學，菜卜、豆乾、蝦米、豬肉擠壓不進，掉得走廊都是炒過的糯米，義妹養的鴿子來到周圍，虎視眈眈。

家家戶戶多做幾樣菜，除了祭拜祖先、好兄弟之外，大家團聚在一起，享受上天賜予的每分配額。

昌貴和傳祖，雖然不在同一個鄉村的國民學校教書，他像往昔在家鄉一般，明白家世、家訓仍持有共同始祖的意識。

紅袖承受著人：生而幼而長，而男女締婚，生男育女。一早做著烹飪、洗衣、打掃的工作，甚麼生活單調，繁瑣又少成就感的現況，該如何調整，反正就是家庭的活動，家庭的生命，需要永遠的循環。

傳祖爲了家小妻兒，她怎能抱怨他，丟下繁忙的家務，高低大小差不多的孩子，或怪他留下寂寞空閨，自己更無暇過問，他在外教書的情形，也不會懷疑他在外的男、女人之間，是否會有甚麼不便？

雖然是假日，雲集、雲厚、雲梓利用晴天，跟隨雲仔他阿爸，在田裡鋤蕃薯草、上蕃薯土。雲集幫助上土，小的在牽蕃薯藤，上好土再把蕃薯藤，牽到另一行，以便上另一行的蕃薯土。

鄉村的孩子長大了，都明白晴耕雨讀的情景，陳家的孩子，當然想要出頭天，到大城市讀書，不願窄化自己的前途，在做苦工的山莊。可是舊時農家人統制家族，訓示子弟都是如此，尊重大地萬物的生命。周遭的一草、一木、一蟲體、一鳥鳴注目到三個小孩，默不作聲的忙得不可開交。

七月半蒸粽子的熱氣、香味升起在原來的空氣之上，這迷迷濛濛，是一片陰陽融合，精神相交在一起的氣味；這氣味，可以將古人精神典範，作爲一代代後人，依附、引導的明燈。

廚房的工作忙得差不多。

粟米在門口塘邊，陪著紅袖、己妹割豬菜、摘空心菜、摘茄子、澆水、割韭菜，韭菜被割掉又長，菜一天比一天高，像她一天一天逐漸的成長。對面的山坡地主人，忙不過來，它長出許多不常見、不知名的草木，也很自然美麗。

有些時候，下了一陣雨，池塘的水由清潔見魚，到只知魚兒在漩渦中遊樂。菜葉子長得更嫩綠，她和紅袖她們一樣，深深的喜愛這片好山好水。

紅袖、己妹來來回回的挑池塘的水，粟米空著手，跟隨到池塘，又跟回菜園，走了八、九趟，塘水也少了，似乎不見少的十幾擔。

她領悟父母的愛。

粟米昨晚指她阿公的書《詩經・小雅・小宛》：「夙興夜寐，無忝所生。」阿公：

「這行是什麼意思？」

紅袖喚住思索的她：

「粟米，這些菜妳先拿回家，給阿婆撿乾淨。」

慢慢的走，東看西看；羨慕悠悠的閒雲，欣賞潔白的野鶴，愛遠處、近處縷縷炊煙；她難以忘懷去年和阿哥提燈籠的情懷，敬好兄弟的氤氳香煙。

昌貴去下屋，幫忙寫訴訟狀子，回家時，順便到分給傳承的茶園拔鮮草，龍眼摘了一麻袋子。一到家，就在院子邊，收已經曬乾的鮮草。玉貞、雅貞也來收，雖然越收越亂，昌貴很耐心的教她們：

「阿公，拜拜是爲甚麼？」

「跟阿公唸！」

幽幽寄穎堂，
齊齊聚四方。
年年中元祭，
前賢佑安康。

茶山一片霧濛濛，
今年收成好年冬。
崎嶇小徑原鄉路，
子孫環繞故鄉翁。

祖先神明敬束香，
要以牲禮供宴饗。

風雨常眠數百年，
天國仙界應列行。

義妹在正廳，帶傳承那兩個小的孫女，夏風、秋月，時間規則的往院子外看。日頭漸漸偏西。

己妹、紅袖，她們兩個，和對面田園的婦女邀約：

「妳的菜畦鋤好了嗎？回家囉！」

傳祖牽腳踏車，爬上坡來，粟米她們正在吃龍眼：

「阿爸，你回來了！」

跑過去，抱著他的大腿雙腳縮離地面，往正廳堂走。昌貴、孫女們滿心歡喜進入正廳。

「阿爸，阿母。」

昌貴，義妹微笑示意。

「阿爸，阿母身體好嗎？」傳祖關心。

「嗯！還好，傳承和己妹、紅袖很孝順，你阿哥有寫信回來，不必掛心。」昌貴慈祥的說。

「要好兒孫須積德，在外做人要正當。」義妹明白傳祖的脾氣，叮囑的口氣。

「我知道，我想帶紅袖去，雲集也要準備考初中了。」

昌貴說：「五個孩子住得下嗎？」

「房子很大，阿爸放心。」

「那就帶去吧！」

義妹不太放心：

「一家人要好好的。紅袖有敏慧的心思，幫你生了五個聰明的孩子，相夫教子，是個好哺娘，要善待她。」

昌貴想到《文選·班婕怨歌行》提醒傳祖：

「新裂齊紈素，皎潔如霜雪，裁成合歡扇，團圓似明月；出入君懷袖，動搖微風發。常怨秋節至，涼飆奪炎熱。棄捐篋笥中，恩情中道絕。」

「爲了孩子，她沒有獨立的能力，只有依賴你照顧一生，命運操持在你的手裡，不要讓一把秋扇的故事，發生在紅袖身上。」

「阿爸，我明白。」

八月下旬的夜晚，三合院的院子邊，竹圍隨著晚風搖曳，發出柔和的沙、沙音樂。雲集、雲厚還在看書，月光映照在牆上。

走進臥房，關心一會兒，又走出臥房的傳祖說：

「早點睡，火盞不要點太久。」

點頭，繼續看書：

「知道。」

紅袖，在勝家牌裁縫車前做衣服，抬頭看走進臥房的傳祖：
「明天帶妳們一起搬出去，阿母、阿爸答應了。」
紅袖雖然捨不得一片青菜、田園、池塘的鰱魚頭、鯉魚尾，沉重的說：
「知道，行李都準備好了。」
「紅袖，阿母的衣服，等一下再起來做。」
「知道。」

七

涼風微微的吹起，屋舍周圍，有幾棵似乎已經很大年齡的相思樹，玉貞問：
「阿母，神桌山下的火炭窯，不是用這種樹燒成木炭嗎？」
「是啊！眞大棵，根長在深深遠遠的地方，壯大的樹幹，枝葉茂盛得像一道高高的樹牆。」
新搬來的陳家人，喜愛這裡的景色，就像喜愛，另一個山村的家園一樣，更讓他們驚喜的是：坐在屋裡，就可以望見搖曳的柳樹，春去秋來，盼望著，這新的門口塘，不知能不能，爲他們編織幾籮筐蕃薯、玉米的故事？
不多久，粟米玩遍了前面的校園，更喜愛到屋宇後面的山坡下。
五歲的雅貞，感覺新鮮的，在榻榻米的這一邊，跑到那一邊，不知跑了幾趟！

雲集、雲厚吃過午餐，回旁邊的教室上課。

紅袖把衣服摺疊起來擺進壁櫥。年長到三十了，未曾午休的紅袖，似乎感覺自己的人生有些轉彎。

傳祖走往絲瓜棚架下，傳來聲音：

「粟米，帶妹妹午睡。」

「碗有洗乾淨嗎？沒洗淨，以後會得鳥屎面。」

「阿母，有啦！」

微笑上床。

隔壁臥房傳來，傳祖越發越大的打鼾聲。

粟米拉起玉貞，輕輕的和玉貞說：「是阿爸睡著了。」

她們悄悄的走出臥房。九月下旬，山村中午的太陽照在樹梢、朶朶鮮花上，它們很舒服的樣子。

粟米，打開新家破廢廚房的窗戶，爬進爐灶上，拿個文旦柚，扭轉了兩根香蕉，輕輕的爬出來，坐在樹蔭下。涼風一陣一陣的吹拂，她們開始照，不厭倦的陽光。

「慢慢吃，阿母說：一輩子有多少東西吃，是定量的，不要吃太快！」

「知道。阿母說：衣服破了，也要補起來，不能補救了，要剪來作抹布、尿布。」

「是啊！人一輩子有多少衣物用，也有一定的配額。」

粟米到新的廚房，拿一個杓子，牽著妹妹往屋後走，走過菜園、很陡的下坡、田埂、竹橋、邊走邊摘路邊的百合花、月桃花、野薑花……她們一副快樂的模樣，頻頻說：

「好漂亮，好香好香……。」

「玉貞，看！前面是一片又一片，一丘田又一丘田的野番茄。把杓子、花放田埂，進去摘。」

「好多呀！小小的、圓圓的、紅紅的，好像彈珠一般大小。」

「哇！好甜啊！吃不完。」

來了一陣微風，綠綠的番茄枝上，紅紅綠綠的小番茄搖搖欲墜，粟米說：

「田園好香啊！我從來沒有想到，會有那麼樣多又好吃的東西。」

「都是番茄的味道！」

吃夠了，玉貞說：

「阿姊，我們摘一杓回去，撒鹽下午再吃是嗎？」

粟米笑逐顏開的點頭。

她們往溪邊走，岸上一束一束的百合、月桃花，對著勤快的農人微笑，對著她們兩個，放出淡淡的清香。

玉貞摘花，粟米洗番茄，滿載而歸的在路上。

玉貞跟進粟米蹲下來，兩者都覺得好奇，田埂好多草，拿幾許草看一看，這到底是爲什麼？

「奇怪！這條田埂，怎麼有很多乾草？」

她們跟隨這乾草，經過菜園，走到另一片相思樹園盡頭，她們蹲下來摸一摸，把鋪設成一堆的草兒，拿起一根搓揑搓揑，伸手撥開雜草時：

「哇！一窩大雞蛋！」

倆個如獲至寶似的大叫。

「蛋熱熱的，好大好大啊！」

粟米拿起杓子、兩束百合花，拉起妹妹：

「這是火雞蛋，走！用跑的，回家告訴阿母。」

她們心裡哼唱：樹木蓬勃地生長，芳草萋萋中，泉水不斷的流動。這般美麗的午後，晴空萬里，行雲朵朵，隨著河流彎彎曲曲的田埂，經過小小的村莊，爬上坡路，就是她們的新家。

玉貞將月桃花、百合花插在屋簷下的水桶、鳳梨空罐頭瓶，自己覺得非常美麗。

傳祖早已到學校上算術課，紅袖在做衣服，抬起頭來看喘噓噓，疲憊不堪的粟米、玉貞：

「阿母，一窩雞蛋，好大好大窩！」

紅袖繼續做衣服，輕輕的說：

「阿母前幾天黃昏，種玉米時，有找到母雞，不要再到附近打擾牠們，等孵出小雞，阿母才帶牠們回家。去看妹妹睡醒了嗎。」

又是個微風的午後。

粟米、雅貞穿著阿母新完工的，荷葉裙擺洋裝，手中還是拿著杓子，快樂逍遙的走過菜園、陸坡、田埂、竹橋，她們唱起傳祖常唱的歌：

「念故鄉，念故鄉，故鄉眞可愛。天眞晴，風眞涼，鄉愁陣陣來……。」

歌聲的宏亮，不輸傳祖的玉貞、粟米，情不自禁，手舞足蹈起來。

這時，田埂出現一長排黑色粒子，粟米蹲下來拿一顆：

「這是什麼？硬硬的。」

她們聞一聞：「有草味。」

不知其所以然的，跟隨顆粒走到盡頭。雜草堆中有動物，兩個又驚又叫的：

哇！風吹草低見白兔！

「一窩白兔！好漂亮！好可愛呀！」

「玉貞，這隻漂亮的給妳。」

母兔趕緊帶著小兔，往有「崩崗坎」那邊逃。

粟米急速一手捉一隻，笑逐顏開的提高牠們，到自己的頭上，看著她阿妹，笑道：

「抓到一隻胖胖的，兩隻可愛的。」

兩人坐在相思樹蔭下，愛撫牠們，和牠們說話……。

「走吧！回家和阿母說。」

丟下杓仔在兔窩旁，走過菜圃，稻田，野芋園……。

「阿姊，我捉不住了，兔子脫逃了！」

「沒關係，來，這隻給妳。」

她們飛快的，跑到紅袖身邊，她停止縫紉機踩踏：

「小兔子沒有了阿母，會怎麼樣？」

紅袖瞪眼生氣：

「眞罪過，快捉回去還兔媽媽。」

粟米，玉貞，一人抱一隻，坐在菜園邊，注意力集中在母兔逃逸的方向。

來了一陣午後雷雨。

強雨驟雨啪啪下，

嚇壞鄉下失怙家。

甕缸翻底鍋無米，

哪來蕃薯當地瓜！

她們的衣服、頭髮、藏身裙子下的兔仔，都濕淋淋的。

山村的雞鴨，在大地飄飄細雨下，唱著回家的歌曲，她們也抱著兔子，眼眶熱熱的，一路責備著自己回家……。

她們將兔子關進傳祖剛釘好的木箱子。

紅袖明白這還沒滿月的兔子，過幾天會相繼死亡，到時才叫粟米將牠們埋葬在後園，後來：

風來雨來繞田邊，
早春經夜不成眠。
離離歲月如昨日，
心頭一顫淚漣漣。

秋月皎潔滿天星，
後園仰臥二白童。
春日灌水求收成，
女童扮作巡水翁。

塚上青草綠蒼蒼，
黑髮女童立身旁。
幾十歲月匆匆過，
未盡反哺太神傷！

八

風入木門添一春，
繩糖酥餅除夕屯；
子親三人紅七排，
獨八扣住眾人困。

雨敲屋簷過初一，
楚河漢界眾軍疲；
雲集雲厚和玉貞，
如梭歲月鏡中覓。

又是一個晴空萬里的中午，粟米在舊廚房外的綠蔭下，邊吃柚子，邊看操場打球、捉迷藏的同年：

「老妹，妳看那邊，有兩個大人往這邊走。」

粟米站起來伸長脖子。

「是阿公，阿婆。」

高興得跳轉一圈，拉著玉貞往前衝。

「阿公，阿婆你們來了呀！」

義妹左手挽著包袱，右手牽著她們，走到大榕樹下：

「阿公，給我四角。」

玉貞不知想吃冰想了多久，邊吞口水：

「阿昌，清冰四枝。」

玉貞墊腳看冰桶。

「妳阿公，阿婆來看遊藝會是嗎？」

「看我阿姊唱歌、跳舞。」

阿昌的冰快賣完，表情喜悅。

她們四個，坐在相思樹下長板凳、石頭上聊天。

「阿公，阿婆，我最喜歡阿爸、阿母帶我散步看月亮，講好多好多故事。」

很久很久以前，村莊裡，炊煙裊裊，花光柳影，田野間春意盎然，想要生孩子的都能如願。

「上家」終於孩子哇……哇誕生了，哭聲清脆悅耳，清新的空氣裡，隱約傳來陣陣甜涼。他阿婆太幫他穿上衣裳，讓他睡在床上，給他珪璋玩（比喻）；「下家」孩子也哇……哇誕生了，她阿婆太用包嬰兒的被子，幫他包身體，讓她睡地上，給她紡錘玩。

這悲、愁、喜、樂譜得的曲子是大家熟識的，青山隱隱，綠水悠悠，或聽聽！秋扇見捐！

西元一七三八年以來，陳家人不斷的移入臺灣山區，不數年人口大增。

於是開荒闢地，聚集而成村落。他們起牆造屋，正身廳堂，兩旁橫屋。

以後又將今稱原住民，驅趕進入更裡面的山區，自己則開發了各式各樣的產業。

晚餐後，她阿公昌貴，阿婆義妹，阿爸傳祖，長久以來，在螢火蟲飛呀飛呀！飛得忽高忽低的院子裡和子孫說故事。

傳祖坐在板凳上，抱著粟米。

西元一九四九年，她阿公五十四歲，阿爸二十三歲時，政府施行德政，推行農業政策，實行三七五減租，佃農生活大多數獲得改善，所以，陳家的長年都散去了。同一年，她還有一位「小阿婆」也被阿婆請出家門，她只好帶著和傳祖同父異母的孩子，搬到很遠很遠的，後山的那一邊。同一年，一天晚上，粟米從她媽媽的大肚子生出來。

傳祖被調去南洋當兵，後來為了想念紅袖，又偷跑回來，怕他們說他是『思想犯』，所以很久很久才報戶口。

粟米出生時，她外婆把胎胞衣，埋得很深很深，沒有被狗吃掉，現在才長得和她阿母一樣。

那時候，她二伯一直咳嗽。

還有一天，突然來了大地震，瓦片破碎，屋宇崩塌，停了一會兒又震，一片潰散……院子裂開一路溝道，大家拉不到未娶過門的二伯母，她已經消失在地底下。

「好可憐！」

他們家和村莊人家，都哭聲震撼了天地。別的地方更是哀鴻遍野，屍體多得橫三豎四。

那怎麼辦？

他們努力重劃興建家園。

傳方終日沉默，已經病情危急，受到風寒，咳血得厲害，躺個幾日在所難免。正值青春，像被隔離水的魚，陽光、綠地也與他無緣，長期坐在家裡，一屋子瀰漫著濃濃的中藥氣味。一天過一天，她二伯天天吃藥，看他的同學秀珠留下來的信，病越來越重的過日子。郵差來的時候，還看它肩膀上的那只帆布袋，沒有他的信，就嘩的一聲，咳血咳得大口鮮紅！

「她死了，哪有誰幫忙寫信？」

是啊！早已經經不起一點一滴的枯萎；指尖一天天的尖細泛白，腳指一寸寸的縮小冰涼，肺癆吮盡血色，頭髮一日日的變少，眼神暗淡無光，灰色的陰影，緊緊的跟隨著他。

那時候，粟米的媽媽背著粟米，端來一碗雞湯，想到他近日咳出的血，想到他昨晚還思念秀珠，他還請阿婆到門口，看看有沒有返回家的情景。不禁惻然熱淚說：二伯趁熱喝。

收信難，託夢總不難吧！傳方輕輕啞啞的說。

他喝不下一滴湯，反而咳出一手帕的痰，並且藏在口袋裡，不給妳阿母看，妳阿母知道他要紙筆，他伸出一隻枯寂的手，想用盡自己的力氣，卻力不從心，妳阿母只好拿他以前最愛唱的山歌給他：

大樹倒忒頭還在，

後來，一直咳，一直咳……。又繼續看：

檀香燒忒一爐灰，

手扶欄杆啄木睡，

阿妹有情託夢來，

講等要來又沒來，

害伢心肝變轉來，

日後伢正騙轉來。

看他奄奄一息，命若游絲，你阿母轉頭偷偷拭散淚滴。他彌留之際還說不太出：

「……美麗的秀珠……妳會……是……比孟光更好的妻子……，我……。」

她二伯又嘩一聲，咳出一灘血來。後來：

穿衣戴帽換新裝，

闔眼長眠梵經唱。
柱香孃孃好升天，
下世有緣再爲娘。
明月青空田園睡，
旱天呑水夜夜隨。
誰恐隔鄰水路易？
稻子結穗日漸垂。

紅袖抱起傳祖懷裡睡著的粟米。

她阿爸還有故事繼續講！

好幾天以來，劉家十七歲的義妹和她阿母一坐到桌前就毫無食慾。

尤其是今晚的食「姊妹桌」對義妹來說，雖然是準備吉慶的喜宴，但卻難掩依依的離情。

桌面擺滿了雞肉、魷魚、鹿肉、豬肚……紅棗、冬瓜、福圓……等十二碗菜餚，大家等義妹挾一箸菜，才跟著動筷子，吃肉圓時心想：萬事圓，吃芋頭時心想：新娘快大肚。

義妹的阿爸吃過姊妹桌，分陳家送來的姊妹錢給大家。這時，月光灑在三合院的燕尾、旗球、鹿鹿平安的石雕、戟磬人字形的石壁上，充滿了喜氣。

燕門裡，絲、竹、二胡、笛、磬、南胡……配合叔公、阿伯連連的歌唱：

唐山過臺灣身沒半點錢，
煞猛打拼耕山耕田，
咬薑吃醋幾十年，
不識埋怨，
世世代代勤儉持家，
兩三百年沒改變，
客家精神莫豁忒，
永遠、永遠，
時代在進步，社會在改變，
是非善惡充滿人間，奉勸世間客家人，
修好心田，
正正當當作個善良的人，
就像恩個老祖先，
永久不忘祖宗言，
千年萬年。

隨同山歌的節奏，義妹她阿爸吩咐長年，檢視一根連帶白根，表示白頭偕老的竹青，一瓶要倒進陳家水缸的井水，要和陳家米汁水「濫濫共下」的滔米水。

她阿母帶著侍女收好一塊長約三尺，寬約一尺多，並且在中央剪個小洞的黑布。

全家隨著歌唱聲漸漸 悠遠，帶著劉、陳兩家：百年好合、六畜興旺的希望，進入夢鄉。

九

西元一九一九年，黃昏。

微風輕輕的吹著，陳家三合院前面，斜坡兩邊，綠綠的稻田。和兩口門口塘，一面舞動枝葉，一面看魚兒遊戲的柳枝；柔美的兩池春水，春去秋來，帶著肥碩的鰱魚、鯉魚聽著斜坡下，粼粼的流水。

對面山坡上幾家「炊煙」和火炭窯日日夜夜，嬝嬝、濃濃白白相思柴香味，爭相比美以後，隨著遠離的煙影，飄散山外山。

屋前返家的小徑上，小花、小草發出淡淡的香氣，三合院內，在屋簷下一對一對的鴿子，穀……穀……穀……和雞雞、鴨鴨、鵝鵝……回家的叫聲中，顯得格外靜謐。

壯碩氣宇非凡的準新郎官，昌貴，十三歲那年，他阿爸送他到公學校就讀。十五歲送他到秀才家讀詩經。二十歲送他到書房讀漢文。二十四歲擔任教書的工作。

這年，一九一八年，九月的清晨，陳家門披紅彩，稍後屋內擠滿了「夥房人」和看新娘的大人小孩。

廚房裡忙得不可開交，悶甜黏黏的糯米飯，揉搓湯圓，廳內圓桌圓椅，是團圓，吉慶的歡樂……。

六個大男人，在東廂房大廳，春那大家骨肉血脈相黏，而不能分解的「齊粑」。又圓又大的「春臼裡」三個同心協力，兩個用「春臼搥」用力打，另一個則在「春臼邊」利用一上一下的間隙裡，迅述將浸濕水的手，抹到春臼裡的糯米飯上，並且翻轉到另一面，累了又換另一組來接替。

第二天，劉、陳兩家，分別屋內擠滿吃齊粑的人。

他們都是穿著自己最體面的大人小孩；老一輩做阿婆的，戴上金耳環、玉手鐲。

義妹由她福命雙隆的小叔婆，幫忙梳理髮髻，穿肚裙；肚裙裡放鋁錢、鉛粉、五穀、烏糖、豬心和那塊黑布。又穿白布禮服，白布裙外層，再穿著昌貴送達的盤頭袞裙，和掛滿鈴鐺的響裙，霞佩。肩上上響肩，頭插花簪，戴了金環珠寶的鳳冠、耳鉤、手環。穿上弓鞋外加紅鞋。

盛裝完正要離開閨房，義妹她阿嫂，牽她踢尿桶一下；她大哥背過，供奉龍神的廳堂，年老多福生七個孩子的，三叔婆扶持上花轎。

義妹離不開父母，淚水潸潸，她阿母將一瓢水潑在地上，她弟弟撿回她丟下的絲巾。

一群人浩浩蕩蕩，往陳家方向行走。

中午時分。

陳家院子內，鞭炮聲霹靂啪啦，一頂紅刺繡的轎子，五頂黑轎，媒人、放鞭炮的，提用白紗布包起來，燈上寫「劉、陳」字姓燈的，提用絹布包起來新娘燈的，挑尾擔的……。

這群人熱熱鬧鬧，一片喜氣中放下花轎。

昌貴手拿摺扇打三下轎子，又輕輕的踢轎門三下，滿面春風的掀開轎帷。

牽新娘尾的，捧糖果的小孩子早已等不及了。

晚上端完新娘茶，義妹、昌貴含羞的進入洞房，昌貴對櫻桃小口，白皙豐腴的嬌娘，心裡起了：美若天仙，也不過如此呀！

義妹將阿母給的那塊黑布，含羞的交給昌貴，昌貴在前幾天，他叔公陪睡時，學會了洞房花燭夜，應該做的事，一下就把布撕破，義妹也有了撕布聲的聯想……。

西元一九二五年冬天，陳家廚房六年來，忙碌著第六次燒開水燙剪刀。幾聲哇哇後，又忙著調黑糖水。

後院裡，義妹的侍女埋胎衣，在能光耀祖宗的好地方，幸運的出生在書香世家的是—昌貴大老婆義妹的三兒子。

「是……就是阿爸啦！」

「阿公，這也是阿母和阿爸說的故事。」

一〇

十五年後。

八月十五，三合院上，盈月冉冉上昇，大廳正面移遍了銀白，一家大小，跟進時光流逝，星斗移轉，月光漸清涼、輕移、他們擁抱芙蓉，睡入黑甜如蜜的夢鄉。

一個蛙鳴四起的清晨。

閹雞阿舜的笛聲，沿著山間小路傳來，黃阿雄似跑似走的喚住笛聲：

「阿舜，我有六隻雞要閹。」

阿雄到灶下拿個碗。

駕輕就熟往圈雞籠抓起雞，不到幾分鐘縫好了雞的傷口，錢到手說：

「這幾粒小睾丸端起來，煮給你兩個阿姊吃，皮膚會幼美美。」

「你還要到哪裡？」

「整個村仔都巡巡，我阿爸的頭家，昌貴伯仔，也會有很多隻。」

「好遠才一家，到晚也閹不完。」

阿舜走過田埂，來到徐家以後，準備往山坡上那廖家時，已經近午。他樂天知命的爬著山坡，哼著「生蚵仔嫂」的自譜山歌——住在山村的我，閹雞不驚無，當阿兵哥吃饅頭不驚無：

……。

山坡上菅芒花、野薑花、月桃花、山桂花、滿山遍佈，螞蟻築巢在有腺點的白袍子樹上。再往上一層，盡是松鼠，爬在結滿果子的青剛櫟樹上；山路右轉，怎麼一顆老老壯大的烏臼樹，已經枯竭，旁邊卻有一棵朝氣青春的雀榕；雀榕枝葉茂盛得引來幾許鷦鷯，佇足清唱。

阿舜一邊聽一邊領悟出山坡的世界，大自然的演進，短草，長草，小樹，大樹，過度植物，生存，競爭……。原來雀榕長出一條直徑一公分大的粗根，像一條鎖鍊，將烏臼離地面不遠處，環環緊捆起來。

漸漸的照在烏臼枝葉的陽光，移往雀榕枝葉上；吹在烏臼身上的春風，永遠迷失方向，無聲無息……。

夜晚，幕簾低垂，屋內提著火盞，步行緩緩，牆上人影隱約。

稍後，昌貴的臥房，火盞光停在牆面，他看著已經黃皺的萱質史記：

陳涉少時。嘗與人傭工。輟耕之壟上。悵恨之久。曰：苟富貴無相忘，傭者笑而應曰：若爲傭者，何富貴也。陳涉太息曰：嗟呼！燕雀安知鴻鵠之志哉！

義妹習慣正襟危坐的姿勢，陪伴他身旁。

「傳祖過京都，再兩個月就畢業了。」

「我知道妳捨不得，年輕人知道自己要走甚麼路！」

「早點睡！」昌貴吹熄火盞。

他們獨處的情景以白居易：雲鬢花顏金步搖，芙蓉帳暖度春宵來形容。

清晨，佃農黃阿山抓著幾個月前閹過的兩隻大閹雞，往陳家雞舍方向走。

昌貴站在「廳下」門前大走廊中央，向神桌山前眺望一幅，永遠不褪色的潑墨山水，畫裡是一條銀白色綿延的小路，小路兩旁的山坡、山頂徘徊著迷濛的白霧；昌貴知道畫面雖然沒有華彩的廳堂、細緻的閣樓，但有不雕自工，清新可喜的：一畦春韮綠，千里稻花香。曉見寒谿有炊煙的古詩句湧上心頭。

走過昌貴身邊的義妹知道：

「阿爸、阿母講：神桌山下是龍穴。」

昌貴十年、二十年……之後，兩鬢已斑白，但仍老當益壯，精神矍鑠。永遠希望大家發揮龍馬精神，使一片春山得以耕耨，以養其父母，而家人日日臉上有些春色。

昌貴：「龍穴，還得靠陳家世世代代，努力不懈！」

十一

昌貴，走往教書的花香小徑。

他想：四個兒子、侍女都得各就各位。小的（妾），麗香的女兒，雪仔，和她的二個兒子，傳回、傳堂。長年啦、佃農啦！都得任勞任怨。

傳祖國外的來信中：

「每天早晨跑操場三圈，冬天還是每天洗冷水澡，晚上同學約我到茶室，我覺得毫無意義，從未去過，留在學校看一些，有關中國歷史……的書籍。

最近讀的中國紅星這本書很不錯：紅星主要敘述中國共產黨、國民黨。主角是毛澤東、蔣介石……。」

今天閱讀的內容大致是敘述：中國蘇維埃是怎樣的一個東西？農民有沒有支持它？」

「農民占百分之八十五，工業不是小兒痲痺，就是穿童裝的中國。」

「一九三五年，蔣介石發表政府已經毀滅了共產黨威脅……。」

傳祖信中還說：書裡記載，作者到大陸那年六月初旬的事，北京已是春天，綠色飾帶，光彩耀眼，如置身於數千棵柳樹，及杉木包圍著的紫禁城，涼風、庭園，有誰相信屋頂的那一邊有苦役？

作者他阿爸還來信說：他們在四川禁止高利貸和鴉片，實行土地再分配，所以不知道是誰在殺人？是………。

有一個像孔子一樣老的老人，發呆而注視說：他們是壞人，殺太多人還殺不夠。

昌貴對咫尺天涯的傳祖，約略了解生活瑣細。眼前還是一家人旰食宵衣（指農事）的情景。他看到長得大眼小嘴，帶個小酒渦，高高的侍女香妹、恬靜柔美的英妹在溪流邊，捶衣、說笑。溪水清澈，大魚、小魚、蝦子聽砂層裡的河蜆說話，看早起的鳥兒演的歌劇。

傳回、傳堂在耙田。

能幹、老實得剖心剖肝的甘妹，忙著大鍋煮鮮草，火慢慢的燒，鮮草黑黑的滾，黏稠稠的草香四溢。

桌上擺著幾包糖，旁邊放著兩桶洗淨的穀殼，甘妹把鮮草一杓一杓舀，倒在鋪滿穀殼的篩子上，濾出一桶一桶的鮮草。

長年，阿年牽牛，阿富割草。

佃農，阿簞父子犁田，阿正父子打耙、打耬……老鷹在禾坪上空飛來飛去。

眉毛彎彎，五官全是女人味的茶妹，種菜澆灌。圓妹挖芋頭割豬菜，麗香挖地瓜。

陳家大廚房裡，從後面叢山中，引導來終年不少的大地之愛，泉源滴滴答答的，墜到大長方形水缸裡，就如神桌山下的春耕夏耘，秋收冬藏，源源不絕。

甘妹在大廚房，煮一大鍋的點心，義妹走來幫忙挑菜：

「村子裡的讀書人不多，能過國的，更是鳳毛麟角，傳祖回來，叔公、阿伯一定非常歡喜，他可以幫忙寫這寫那。快！我們動作快一點，妳先挑點心到田尾，給插秧的吃。」

「知道，我先把豬菜放下去醖。」

雖然，肥胖的瓜豆挑好一桶，翠玉色的絲瓜刨了一籃，濃綠配翠綠的蔬葉，幾處幾堆，光閃閃、亮紫紫的茄子躺平一地……圃菜三層肉，鹹魚「藏間番薯」大堆矮堆，整個廚房還是感覺空間很大的。

佃農，黃阿山的女兒，挑柴走到院子：

「伯母，我阿母講，這晒乾的柴給你。」

這個時候田尾禾坪八、九個人，正摘下斗笠擦拭汗水吃「鮮草、綠豆湯」。

「你阿母眞客氣，承蒙你，以後不必如此！」望族血緣，秉直恬淡，賢淑達理的義妹從廚房那兒，帶著微笑走出。

甘妹恰巧挑空鍋子點心籃回到，幫忙把柴堆積在豬舍屋簷前。

她們一前一後的回到廚房，甘妹說：

「紅袖住在樟樹下，她們每天要走整整一小時的路，來耕阿爸的田，很累。」

「他阿母、阿姊採茶、採地豆、挑竹子，一天大約可以賺到十元，昨天早晨，她阿爸抓來二隻大閹雞，等一下圓妹、己妹會先回來幫忙殺來拜阿公婆。」

長得也高佻，眉清目秀，談吐間流露出一股逼著人喜歡她的光采，笑的時候，像朵春花的甘妹，她說：

「我知道。」

「阿公、阿婆，我講給你們聽。」玉貞說。

「阿爸唱歌很好聽，捉的魚蝦也很好吃；阿母把魚炸得連魚刺都酥酥香香的。」

義妹點頭。

「我們和鄰居玩跳格子、捉迷藏……最好玩的，就是到那蒲竹子旁邊一點，被晒到必必那裡，灌蟋蟀，一桶水慢慢灌進去，土狗慢條斯理的出來，我們笑累了就摘那桑葚吃。」

粟米呑呑吐吐，玉貞明白她要說的話，昌貴有所擔心，到底她們有甚麼秘密。

粟米聲音顫慄：

「阿公，阿婆我……。」

「有一次大哥考不好，二哥貪玩，被阿爸在學校水井邊打，打到流鼻血，又全身烏青紫毆。大罵：打死連棍棒要一起丟進水裡。阿母也不敢前去救他們，在這裡擦眼淚。聽到重物落水的聲音，阿母才哭哭啼啼的跑到水井邊推開木製井蓋。水面好像一面大鏡子照出阿母的臉，卻沒有兩個阿哥的頭。」

「這時不敢哭出聲音的阿哥，穿著全身是血、是水的衣服從池塘裡游出，發抖的走到阿母身邊。我們趕緊燒水、找衣服偷偷叫阿哥洗澡。」

「阿母說是爲了一個什麼死掉老公，別人的媽媽才和阿爸吵架。」

雅貞走近義妹身邊。

紅袖走出廚房在絲瓜棚架下準備青菜，她心裡明白粟米、玉貞和義妹說眞相。

「離婚」我傳祖什麼女人沒見過，妳生第一個孩子時，根就植在陳家，也不照照鏡子，你吃誰？孩子幾個了？這下非給妳教訓不可，非動手不可，已是平常事。

離婚，大的三個給我，小的兩個歸你。開玩笑，這還由得妳作主，有沒想到孩子姓什麼？

去當自願兵時，見到女人，一群大漢輪流強暴，強暴完了，槍桿直接興奮的刺進剛剛如魚得水的小小陰泉裡，肩上掛著寫滿女人血型的名牌槍枝，揚長而去。

粟米，妳跟誰？她畏首畏尾的，眼光從傳祖、紅袖的眼睛裡移來移去。試問自己，兇悍極端像暴君，哪個孩子要跟他？

每次拿矮凳子要丟紅袖，她怕被丟到，也拿矮凳子來擋，纁踦（日語）紙門都弄壞了。自己做過一次壞事，現在搬走了，想她，還拉紅袖的頭髮，推她撞牆，羞得鄰居都來勸架。那些孩子嚇壞了，都不知往哪兒跑！跑了，又怕他阿母被打死。

這樣還不夠，有一次傳祖、紅袖吵架：

「跪下。」

從雲集、雲厚、粟米、雅貞、玉貞跪一排在絲瓜棚架下，傳祖拿把長獵槍，太陽穴一個一個指過來，他們每個像看到鬼卻不敢哭出來。

還好校長及時跑來，大罵傳祖，他才把槍枝放下。

那把獵槍打竹雞還好，肉白、甜、好吃。有時候打牛背上的鷺鷥，他女兒不懂什麼焚琴煮鶴，卻邊殺邊流淚；鷺鷥那麼漂亮，身上根本沒有肉，象徵生命的頸椎又長。有時候，舀一碗給她女兒吃，她根本分不開是淚是湯，只好眼淚和鷺鷥湯一起吞下去。

還好，過了兩年政府聽聽！照顧弱勢族群，把獵槍全部沒收，膽小鬼女孩子終於得救。

「阿公，阿婆你們住這，不要回老家好嗎？」

紅袖走來：

「阿母，搬那麼遠了，沒關係！」

「這番仔殺！番仔剁！殺給豬母吃。」

義妹忿怒的往屋裡走。

十二

過國讀書畢業，十六歲的傳祖回到新竹街頭，隨手叫輛三輪車，車伕理個短短的平頭。踩踏、踩踏，汗水沿著後腦流到頸椎，濕透了的上衣，扭曲著的皺紋中，埋藏著多少的辛酸與苦楚。在傳祖的眼裡，不忍心看到也看不到，年過半百的他，那臉部的表情。

街頭巷尾雜沓的竹篙，從每家屋簷展示著，各式各樣的，麵粉袋內衣、外出服，熟知的日本式的浴衣、睡衣、外出服，雜陳而一覽無遺。

對傳祖來說：不論滄海桑田幾經變化，他對故鄉的眷戀，永遠不會改變；他感覺故鄉的風景，純樸的氣質拼得過阿信家的任何一個鄉下。然而，求學的代價，卻是三年骨肉生生的分離，今天總算可以執手告敘。

豔陽雖熱，但山風吹拂到，每個回陳家人的心脾。

日頭偏西的時候，門前小徑多了走路的腳步聲。每個人的心情，是空谷足音。

叔公阿伯，麗香嫁出去的大女兒，帶著老公、兒子……陸陸續續的，走上回家的小徑。

昌貴，下班回到家。

傳祖，隨後提著皮箱，頭戴帽子，學生模樣，興奮的奔上小徑。

頓時，似乎鴿子也佇候屋簷，隻隻屏息以待。全家喜出望外，七嘴八舌，上下打量傳祖……。

由己妹領頭，端著茶點進客廳來。

傳祖和長輩們慢慢品著茗茶，果糖，目光移到牆上……爲善最樂、……積德爲先，又見阿母的燈籠精美……。

端著齊粑，阿母的侍女，快步從廚房而出，舉止高雅脫俗。

「皮箱，英妹拿去放。」義妹吩咐。

傳祖，沒有看清楚人群是誰？只覺得門上「〇〇堂」三個大字，更加光亮。

便趕緊向長輩請安：

「……。」

四個養女中，甘妹：

「剛才阿母還念你，你就到了。」又立即忙她的「灶頭鍋尾」。

「傳祖，好高壯！又多人做貫了！」叔公、阿伯用著茶點，聊著天說。

阿篁、阿正，父子，提著喝空的竹節茶筒，牽牛、挑草哼唱著回來。

紅袖和五、六個採茶女走向左廂房大廳。

義妹走出正廳：

「我去發工錢，傳承和阿年挑茶去賣，紅袖和妳阿爸、阿母一起留下來食晚。」

義妹的小兒子傳承、小房的傳回、傳堂和長年牽牛、挑草走進院子大叫：

「伯公、叔公、阿爸、阿母、三哥、二哥、大哥、大姊……。」

準備晚飯時，與氣質非凡的小姐擦身而過，雖然只是驚鴻一瞥，不是她華麗的衣裝，而是她膚白圓潤，代替薄施脂粉，頓時，室內集中一道光，讓傳祖感動莫名。注意紅袖，多過注意豐富的菜餚，和其他的客人。

紅袖有意避開他的視線，羞人答答的，更引起傳祖想：《莊子．齊物論》，毛嬙和麗姬古代人人稱羡的美女，魚見了就避入水裡，鳥見了就飛上高空，麋鹿見了就趕快跑開……。眞興奮，見到這羞花閉月的紅袖，覺得她變得好得人疼的樣子！

「紅袖有學拿針線，阿母拿半匹布，請她幫忙做衣服給你們父子。」輕聲告知坐身旁的傳祖。

十三

第二天，歡迎傳祖回來，吃飯的客人漸漸散去。

雪仔夫婦、孩子、大包小包提著回南莊。

傳雄，回南部紅葉教書。

傳方，回臺北第二師範讀書，家裡又恢復了往常。

晚飯後，傳祖在正廳看阿爸的讀書筆記：機織布匹，紫青亮紗，作坡開圳……。

「阿爸的毛筆字眞美。」

「天變色，沒半點風，阿爸講：風災要來。」

阿年巡牛欄，阿富放草。拿樹幹釘牢豬舍、雞舍、牛舍的窗子，搬木柴進柴房。

阿年，看到牛犘躺在高高的，瓦屋裡頭休息，心裡暗喜：

「牛母這兩天要生了，要特別留意一點 。」

「怎麼有那麼快？」

「唉呀！牠身上哪兒有個縫隙，何處有筋骨，哪一根是今秋長出的細毛我都知道，這麼大的事，你還裝不知！」

阿富說：

「那隻雞母，上胎孵出二十多隻雞仔，這次不知是個個精蛋嗎？」

「案多公雞踏牠自己，背部的毛弄得鷗鷗縐縐，都快掉光了。」阿年回話。

阿富打趣說：

「眞堵好，沒有聲音，還給你看到！」

阿年不甘示弱道：

「那有，連老鷹都停下來，不敢抓小雞。我只有擔心牠沒踏到，才看到雞母，給他踩到尾翹翹。」

「你怎麼不說：連颱風都不敢來！」

負責傳宗接代的母雞、公雞對農家人來說，的確很神聖偉大。當母雞生蛋時，有的公雞快樂幸福的樣子，不敢跑遠，在附近洗沙浴，眼光卻不停的注意母雞；有的乾脆站在牠身邊，等牠生下蛋，才一起遊玩。

阿年，望了望高高的紅磚柱子上，阿爸自寫自貼，六畜興旺四個大字，哼著：

「河邊石頭生溜苔，思想阿妹唔得來，七寸枕頭眠三寸，留得四寸等妹來……。」

阿富打趣：

「在山坡不大聲唱，在牛欄唱給牛母聽。」

「是啊！要是我大聲唱歌，沉在水中的大鰱魚兒都浮出來聽；正在吃草的牛群都抬起頭來欣賞。」

「我看，魚肚不變白，牛不把草吐出來就好。說實在，是唱給廚房剁豬菜，天天唱山歌的茶妹，還是舀熱水，阿母不在的圓妹?!」

三合院外，竹圍窸窸娑娑，屋內提盞影兒漸疏，燈兒全熄，昌貴、義妹剛上床便參詳：

「傳祖、紅袖很有笑容。」

「是啊！皮膚白皙皙，又美美，頭髮烏金烏金，身材好。」

「只是沒讀甚麼書，離詩詞賞心悅目、熟悉經典遙遠，二、三年級時空襲警報要來就來，不過年紀輕輕，帶有田野闊度氣質，若寒冬之豔梅、春風中之綠竹，行事有教養，這神桌山下，是大家說她好，沒有人可和她比。」

「她識字就好，頭腦又快又好，日本話、國語也講得很好。」

「老古人說：討個媳婦高天天，煮個飯來『臭火煙』討個『哺娘』矮嘟嘟，煮個飯來香撲撲。白不白，美不美沒關係，取妻要取『德』。緣，前世已定，甚麼『家頭教尾』、『田頭地尾』、『針頭線尾』……比較重要。」昌貴越說越滿意。

「細上細下眞有道理，捉豬仔要看豬母，一代傳三代，她聰明、長得高總是贏人啦！」

「過幾天蕃薯收完，叫黃阿山一家人，搬到西橫屋後面幾間住，你看怎麼樣？」

「好呀！傳方畢業說要去新竹教，侍女有好對頭，都要嫁人，房間閒也可惜，燈籠雖好愛蠟燭，明天叫顧家的己妹整理房間。」

十四

三年後，回憶過年過節撿紅點，歡樂聲與神情，己妹吩咐：這幾只阿公留下來的窯瓷杯，收起來，等第一等客人來，才拿出來用，後山教書的阿哥說：第一等客人，吃蘿蔔絲煎蛋，二等客人吃蔥花煎蛋，第三等客人吃荷包蛋……。

田園快樂的音韻，留在棟樑雕飾。

茶妹、圓妹、英妹、香妹、甘妹幾個，雖是義妹之侍女，其實是當女兒來教養，都讀書，都有嫁到好丈夫，農忙時候還是回來幫忙，高佻、伶俐、最會讀書的己妹，身爲妾的麗香，看待紅袖就像關切自己家人一樣。

傳祖和他阿爸分別到公學校教書，傳方畢業卻帶著重病回家。

又到了除秋秧草的時候，下午時分，紅袖和平常一樣，到陳家來幫助己妹「打紅粄」。

茶妹、圓妹、把炒香的地豆，倒進石舂臼，雙手在舂臼裡去皮，再捧在手心吹，一會兒舂臼裡，米黃色的花生令人垂涎。

己妹剪好的月桃花葉片，已經疊得高高的，還要繼續剪，並且塗抹一點滴的油。

他們用小石杵輪流舂。

傳祖放農忙假，走進來：

「我來舂。」

傳祖幫忙紅袖較重的工作。紅袖的眼睛，像清晨的曦光扣動大地一般，扣動著傳祖的心弦。

紅袖幫忙圍住半個石舂臼，免得花生跳出來。

花生麮是要包粄仔用的。

傳阻賣力搓粄漿……。

他們把花生麮包進染紅的生粄粿，在木雕模型上印成桃子、壽龜，然後排放在層次分明的大蒸籠裡。

當蒸汽、香味四溢時，他們心裡的期待、希望就屬於這片山村。

陳家人都知道，粄多做沒關係，大家都喜歡吃；連墊底的月桃花葉片，都舔到亮亮的，吃的時候大人、小孩要小心。

她們阿母會把用剩下來的紅粄藏在蔞葛，和米仔麸一起，香味懸得高高的。

今夜三合院外，處處寧靜，室內提燈盞的人影緩緩移動，傳祖還在書房看經書，義妹走來：

「這做完工的『粄』拿到紅袖那邊。」

傳祖到櫃子行李袋，拿萬國博覽會的紀念幣，放置口袋，去找紅袖。

「倒不如往屋外去看月光？」紅袖建議。

傳祖、紅袖走出西廂房最尾隨的一間，月光照亮屋頂、屋簷下每個角落。他們走過花香撲鼻，月兒高掛在樹梢的柚子樹園，依偎在月明星稀的下池塘邊。傳祖輕輕吹奏著口琴，唱著荷塘月色，柔和的月光曲……。

他們終於明白古人張志和，泛宅江湖，垂釣不設餌，志不在魚。寄居山村眞是悠閒啊！

傳祖是過國回來的人，雖然他很好，可是自從認識他迄今，紅袖未曾想過他會和她有甚麼關係，他屬於這個大家的，大家見面客氣，互相幫助就足夠了，你看：

「柳葉上露水重重的，池塘裡月光涼涼的。」

傳阻緊緊靠近她的身邊。

她覺得：原來世界上有那麼美麗的夜晚，那麼厚實溫暖的手心。

噹！噹！黃媽媽睡醒看看外頭，繁星點點，皎潔的光，已經斜過屋脊到銳行馬背和吉慶上。籬笆下的菊花，更是美豔動人。

黃媽媽披上衣服，木屐聲音，隨著熠耀星光，走下坡來。

「太晚了，回到屋裡。」

三人分成二組回到自己的臥房。

沒有燈盞，有月光在牆面，她們珍惜相聚的時候。紅袖起身，送傳祖回西廂房第一間時，悄悄話的：

「糟透了，門已經被反鎖。」

今晚，紅袖發現枕頭下多了兩塊軟軟的舊布。

傳祖把紅袖摟進胸懷。

「不要……不要這樣。」

「我會愛妳到永遠……。」

「不能，不能這樣……。」

傳祖用唇壓著她的……不讓她說話，紅袖掙扎出來：

「你要甚麼？不行不行，我會有……。」

傳祖被帶往前有小河，後有山坡的柔柔香閨，嫩綠淡淡的柔美，使他傾心，那兒有朵朵的行雲，有清新的水，慢慢的流來流去，魚兒在蓮花池遊戲南北。傳祖初嘗一處鮮艷嫵媚，嬝娜飄搖，如飲仙境的甘泉香茗、美酒之快樂。

十五

那夜難分難捨之後，夜夜輾轉反側，床單冰冷涼涼的一片。

中秋節過去，過年漸漸來。回家小路旁邊的文旦柚子，早已摘完，斗柚已經皮薄薄，金黃色的，累累欲墜。

義妹已把金、銅兩個戒指，用紅線繫上，心裡整天帶著「疼惜」兩個字，和黃媽媽商量「便媒婆」的事。

昌貴、義妹一群人，把聘禮奉在，黃家神明祖先案桌供拜，紅袖捧茶上廳前，黃大姊已經擺放椅子，在廳堂中央，紅袖面向廳堂外。

義妹滿足的神情，幫她掛手指；摸到她厚厚軟軟的手掌，看到三道清清楚楚的紋路，暗喜自己討到有福氣的紅袖。將來陳家，越來越得志，興盛，是必然的了。

幾天後，紅袖不必如秦韜玉（貧女）詩：

苦恨年年壓金線，爲他人作嫁衣裳。

昌貴也開始準備十二折的紅紙，封面寫「端肅」兩字。義妹翻閱看看，裡面寫的是乾書、坤書、連招貴子……。

叔公阿伯，昌貴義妹他們一起選定了黃道吉日。

天還沒有亮，雞啼、炊煙同時在劉、陳兩家揚起。

出發的時辰到了，陳家浩浩蕩蕩的遊行過去，吹班、檻上抬著禮帖、聘金、大餅、冰糖、冬瓜、桔餅、柿餅、麵線、羊豬、糖子路、閹雞二隻、鴨母兩隻、大燭幾對、禮香、盤頭裘裙、手環、戒指……等。

黃家阿舜一群人，照著禮帖記錄收禮後，向祖先神明燒香跪拜，小孩燒金紙、放鞭炮。

熱熱鬧鬧的用過點心之後，黃媽媽將福圓、閹雞、鴨母笑逐顏開的還給媒婆，好讓陳家幸運。

一群男人滿臉喜悅的，把豬片底部割下，擺回檻裡，口頭點名念著：禮服、衣帽鞋子、給家官的、給家娘的……。

傳祖恭謹的把「總鋪席」「菜席」擺放桌面，一群人歡樂踏實的抬轎子回家。

十一點多時鞭炮聲霹靂啪啦，紅袖在人群包圍下，被傳祖帶入洞房。

在傳祖心裡，紅袖像水流彎曲的地方，柔美的。

在紅袖心裡，傳祖是斐然有德的君子，始終受她敬愛的。

十六

第二年春天，傳祖作阿爸，以後紅袖年頭生完，年底又生一個。

傳祖被迫參加「義勇隊」，紅袖靠著雲集一天天的長大，背著的雲厚，肚子裡的胎兒，和灶中那紅紅的火，增添一些溫暖以外，應該不明白，傳祖這一場戰，到底爲什麼而打吧！

就在今年，己妹和傳承也「三十暗晡做大人」圓房。

三七五政策，土地也少了一大半。長年都娶妻成家搬出去，勤奮自己的工作之外，只在農忙時段，傳承請他們回來多賺取工資。

義妹是望族的女兒，鋤頭都沒有拿過，廚房啦、田園啦、採收啦……全部落在紅袖妯娌和麗香的身上。

她們三個邊採收綠豆，心想：啊！一年生一個，又有身，粑掉不好，不粑也不好。

昌貴昨夜告訴外村來的麗香，離開以後，妳阿哥帶妳到後山，相互思念是免不了的，時間許可的話要回家來，我們還是歡迎妳。尤其是二個兒子，和傳雄他們四個一樣，六個都是我的兒子。不能偕老，思念妳行止得宜，黑髮如雲，目清眉秀、容貌豐腴……是在所難免。

日後昌貴只好向義妹說：他將往沫鄉採蒙菜（看後山教書的兒子），實是思念美女麗香。

近午時分，她們擔著綠豆到家，準備在屋簷下，大走廊上清除外殼以後，晒於庭院。

一年生一個，抓鳥屎都不到來吃，麗香將被義妹請出家門：

「包袱款好了沒？下午妳娘家阿哥就來接。」

第二天清晨，昌貴覺得家裡似乎少了許多人。

多少個夏日，山水畫蒙上一層剪成荷葉邊的輕紗。

春天的露水使後院矮籬笆、扶桑花葉感覺涼涼的；露珠亮麗得好像快要滴下來的時候，紅袖和已妹，早已把米煮熟，撈起，飯悶到香噴噴，米湯舀在茶炙兒，留給小孩和工作的男人喝。

一家人快快的用著早餐，傳祖、昌貴想著教書的材料，有的想著今天的工作進度。

第二章　未嫁女兒心

一

民國五十年，搬離了相思樹黃花，重重的疊滿一地，小蕃茄園一望無際的美麗村落，來到離開神桌算很遠的這個家。

又過了十三個年頭。

回想那年，誰移雙腳把碎花片兜成一堆堆！誰動雙手把帶絮的黃花，堆成小小、小小的山丘！誰總是過樹穿花賞季節！誰又知花雖堪折直須折，莫待無花空折枝？

一九六九年元旦，陳家門前碎石子路上，揚起陣風，帶來幾許不一樣的灰塵；灰塵裡駛過一部橘紅色、白色相間的客運，這客運帶著神氣的神情，緩慢的駛向更遠的廟口；當它在廟口調頭，往外駛過粟米家門時，村民早已穿著鞋子，和稍微漂亮的衣服，攜家帶眷的、大姑小姊的、挑起一大擔菜去外邊賣的，全部在阿港伯雜貨店前，等待上車到鎮上。

他們的日子隨著來回三元的第一部車，有了新希望。到工廠上班做燈泡，什麼外銷的聖誕燈泡，大大小小一個一個，或是一串一串，做件仔的，加班拼錢，一個月領到五、六千元或七、八千元。到頭份罐頭食品廠做作業員，洋姑一箱箱的削掉粗皮，收入比摘茶好得幾千倍。漸漸的人工難請，漸漸的他們搬往村外村。傳承也坐著這巴士到尼龍紡織公司，快快樂樂的上班，山園裡百家雜草，自由自在的生長著。

擔挑來的菜特別搶手，賣菜的，利用等第二班車回家的幾個小時逛街。

街頭的商品新奇，各式各樣林林總總，他們不外乎買進拖鞋、毛巾、肥皂、味精、小小瓶的面霜、剪布、買現成衣服……。

小姐們挑了件小得可愛，棉的三角褲，今晚就穿穿看，省得她阿母用粗布做得要死，弄髒什麼又不好洗。

街上紅紅綠綠的廣告，各行各業琳琅滿目，他們的心裡不再封閉，他們知道稻米放假才種，一家人夠吃就好，自己的子女，應該根留鄉村，人走進鎮上。

通車這年的六月，粟米騎著雲集高中騎畢業，自己騎第三年，老得不能再老的腳踏車，沿著客運來回的道路上下學。

今天腳踏車牽在外村陡坡中間，突然背後來了一部大卡車，卡車裡傳出詭異嘻皮笑臉；「這個是沒有開苞的……。」

接著是一陣口哨音以後，突然「沙謝沙飛沙滿天，妙齡女子幾人憐？」粟米生氣，幾近於窒息。

鄉村辛勤的學子都明白；這個季節過去，道路兩旁等待收穫，那金黃色的稻穗，謙虛得垂下頭來。

這豐稔的訊息陪伴粟米成長，要收穫就要耕耘，聯考，她努力以赴。

夜深了，突然狗吠驚動燈下讀書的粟米，她到窗前探望雞舍，沒有甚麼，小偷卻看到粟米，只好先偷別人家的，再回頭到她家對面山坡地，等粟米睡覺再偷。

左等右等，已二更深，肚子餓得發慌，他們坐著，和粟米遙遙相對。在那兒拔花生吃啊！吃啊！狗兒聞到異村人的氣味，吠聲更爲此起彼落。

小偷他們龜頭縮尾的，脫下黑色汗衫，到沼澤把身體弄濕，塗上幾層肥皂，瞞天過海的，坐回小山坡上。

好不容易遙望她正去尿桶，已關燈就寢。

他們腳步比貓咪還輕，誰料卻驚動粟米家的黑狗，粟米起來開燈，往雞舍看：哇！黑狗如金光的眼睛，在繞圈子，身子撲上撲下，粟米驚嚇大叫：

「阿母，有小偷。」

雞舍裡，葛葛葛……亂成一團，村莊的狗頭、軍師、全面出動；上屋他們拿木劍，左鄰右舍的大漢，大木棒、大竹子，拿起拼命的追呀！追呀！

小偷一躍而進出沼澤，跑哇！跑哇！拼啊！追啊！打啊！被壯漢抓到了，小偷卻和泥鰍一樣溜溜溜又滑跑了。

粟米、紅袖後來跟上。

夜裡的人群，和被放掉鐵鍊子的狗群，在鄉間已通車的馬路上，演出鄉土黑白電影，電影的最後一齣是：追到廟口的刑求逼供。

粟米和紅袖在客廳。

這小偷偷隻雞，罪過那麼大嗎？爲什麼有人提議打死他，埋掉屍體！

《史記》：「睢責須賈曰：『汝罪何幾？』曰：『擢賈之髮以續賈之罪，尚未足。』」

那是因爲他犯罪案件多得不可勝數啊！

「阿母，小偷眞可憐，聽說快被打死了！早知道讓他偷。」

「那妳剛才怎麼不叫醒他、勸他？現在說太晚了。」

「叫他?!我！阿母，古時候有一個叫陳寔的，他擔任太丘縣長時，有個小偷半夜溜了進來，躲在屋樑上。陳寔發現以後，馬上召集子孫，神情嚴肅的說：『一個人應自立自強，才有前途。有些人行爲不知檢點，並不是本性不好，而是沒有好好教養，就像那個小偷一樣。』小偷聽了，自動下來跪在地上，請陳寔原諒。」

「是啊！肚量可以撐船的人有福氣。妳阿公也說橘子、柑子、大黃瓜、絲瓜、冬瓜、龍眼、柚子……吃的東西有人吃就好，被偷摘不要興師問罪，害人家一輩子抬起頭來走路都很難。妳還很小的時候，有個叔伯妯娌，口渴摘下路邊徐屋的大黃瓜吃著，被阿徐伯發現，他當面羞辱她。又被她老公罵了幾次，後來竟然拔了一堆魚藤精，放在盆子洗搓出一大碗公水喝下去，等到家人回家時，她早已死了。」

「阿母。我明白您的意思！那她老公不痛苦一輩子？」

那還用說，茫然虛空，哭淂死去活來，一向努力耕耘的，竟然逼死了自己的哺娘，獨獨一次的不能包含，竟然逼死了善於照顧家庭的妻子，啊！孩子該在何處棲身啊！陪伴他一半的人生又是誰呀?!」

「她個性那麼烈，自己也該負責！」

「啊！死的總是贏家，活的內疚到何時？」

粟米終於恍然大悟，別人家的小山坡地雜草，長得茂盛自然，昌貴永遠珍惜那讀不完聖賢書的原因。

二

這年粟米考上了她夢寐以求的大學。

「阿爸沒有錢給妳讀，什麼不考上，偏偏考上最多錢的！看誰家願意供妳讀，讀畢業就給他家作媳婦。」

「你可以領教育補助費，她會賺錢還你。」

「妳知道什麼？連拿都拿不出來，還什麼？開玩笑，那實習費多少錢！難道要賣『喔荳嗓』的土地給她讀？去工廠做工不必讀了！」

傳祖說完走往屋外。

「粟米，沒關係，阿母拿錢給妳，妳偷偷去考夜間部。」

「謝謝阿母。可是我怕妳被阿爸打，阿爸說：讀夜間部的會學壞，到不良場所賺錢，讀來讀去，讀到別人家，去做小老婆。」

「阿母騙他，妳和同學一起去臺北遠東紡織廠做，不過妳一定要考上，乖乖的，自己半工半讀。」

「好！我去。」

十月裡。

一向愛走路、逛街的她，只要時間許可，一天往返的名勝古蹟，力霸百貨公司附近，洋洋服飾……是她常去的地方。

家教辛苦賺取的錢，好不容易存有二千元。

模特兒身上進口淺綠色洋裝，腰身特別剪裁，袖口和腰身配合裝飾，長度到小腿，穿在三十六、二十四、三十六的粟米身上，不知有多美！買了：

「小姐，這件多少錢？」

「九百九十九。」

「哇！那麼貴。」

管它貴不貴，粟米麗質天生，穿上它，皮包一提，只要淡淡上個口紅，粟米穿她阿母作的白襯衫，配背心裙，都那麼嫵媚，簡單的洋裝都那麼樣迷人，大都市的小姐也不比粟米成熟。

都市人都明白，社會經濟的流通，需要靠物品交流，經濟財源才得以生生不息，放眼所見，買賣雙方快樂中互動著。

然而鄉下生長的她，回到租屋處，換上買回的新衣，總是立刻後悔，她明白鄉土與紅塵，土質不同，她與新衣格格不入，穿著它彆扭不舒服，將衣服丟在一邊，再也不曾穿上。

從此與服飾店無緣，她轉往牯嶺街、廈門街舊書店，元曲、古今文選、世說新語……陪她度過一個個用剩的週六、週日。

鄉音重重，金門街賣臭豆腐，廈門街賣棉花糖的阿伯，他們雖然互不相識，除了擔心阿伯沒甚麼生意，久久吃一次，臭卻不臭的豆腐，初一吃一次，十五吃一次，棉花糖之外，從未相互關心過，但是，和阿伯「一樣的歲月」、陪她書店打工、家教，他們都數著小小的錢；阿伯數著，被生生離別，要返回家鄉探親的日子，粟米數著返回家鄉尋情的日子。

這一年行憲紀念日，粟米放假回家，公路局車擠得水洩不通，她坐在中間靠走道座位，經過丹鳳站，突然一名年約三十多歲穿西裝褲，白色上衣不套進長褲的男士，一直站往她右手邊擠，她盡力往左邊躲，總算可以放鬆心情打起盹來，不知何時他竟然，把那根寶貴東西拿出來，粟米整個手臂，甚至手背被畫得涼涼的，好不容易回到家，告訴她阿母。紅袖：

「去洗一洗。」

粟米，一連浪費了三遍，紅袖最香的綠色美琪香皂，怎麼也洗不乾淨？

第二天和明綠去爬山，滴回兩瓶，水濂洞一滴一滴滴下，要給紅袖煮來泡「大膨海」的甘泉，正在倒進甕中，被傳祖警告：在台北不准交男朋友。

一回到學校又接到他阿爸的信：若繼續交往，則打斷腿的嚴厲訓示。

過了幾天，學校校慶運動會，和雨竹及一群同學，看大隊接力，看得興高采烈，雙手習慣性稍息擺後面，突然來了好像抱著白胖小孩的觀衆，小孩的小腳掌又軟又厚，和粟米玩弄著，她無暇轉頭逗小孩。等阿琥超越第二名，她總算鬆了一口氣轉頭，她嚇得魂飛魄散，竟然她玩的不是小腳。

她飛毛腿似的到廁所，洗了十幾次，到現在還沒洗乾淨，沾滿一掌，每隻指縫濕潤黏液的腥味。

雨足帶來教官抓異常的人犯時，色狼已經逃之夭夭。

她們倆個上完廁所，穿褲子時，發現平時客客氣氣的工友，竟然躲在水箱上面，僞裝修理。

「哇！」

長褲一拉上來，沒穿好，嚇得她們比小時候玩「看見鬼」叫得還要大聲恐怖。

一連串的倒楣，整得她心情亂成一團。

週六勉強上完家教，領到錢，叫了部計程車，漫無目的的繞忠孝東路、延吉街……把錢繞去一大半，不夠瘋癲，轉往今日公司，看上了一件長黑大衣。

「多少錢？」

「包起來。」

回來一穿，配上腳趾包起的，流行高跟皮鞋，不夠摩登，不像是都市的神秘女郎。

她把衣服像把秋天的扇子，藏匿迷你衣櫥下。

一個快放寒假的日子。

室友雨竹，一面脫洋裝，委屈哭訴：

「眞倒楣！」

「怎麼了？」

「今天上班時間坐車到泰山國小，找我阿姊，竟然遇到色狼！」

粟米，瞪她快說。

「他摸我胸部。」

「以後不要穿這件開前襟的洋裝。」

「我在擁擠不堪的車上擠進後面，他還不罷休，從扣縫伸手指到下體。」

「眞是的，怎麼這樣！」

「我怎麼知道！一車都是工專的學生，會有如此低級無恥的人！」

「說的也是。」

「這種人將來不知會闖下多大的禍呦！」

「別難過！注意一點就是！」

「好！我洗澡去！」

「我洗衣服。」

「粟米外找。」

她七上八下的，到底誰來？

紅袖眼睛紅紅的：

「粟米。」

「阿母，妳怎麼了？」

粟米帶阿母進房間，搬椅子給阿母坐，自己坐床鋪。紅袖脫下穿了半輩子的朱紅色短大衣，粟米眼裡的阿母，是最有韻味的女人。

「阿母，廈門街有一家玉江裁縫，每天作大衣，手藝和阿母半斤八兩生意才那麼好！」

「妳怎麼知道？到處亂跑！」

雨足出來，藉口：

「我去買筆，陳媽媽妳坐。」

滿臉苦難，輕輕的說：

「妳阿爸打我，用椅子丟頭，我想到工廠做女工，住工廠，可是阿母身上沒錢，來和妳拿。」

粟米頭低低，雙眼注視雙腳，天啊！這下可完了，錢被她花剩一百元。

紅袖從中部來，花掉了車錢，不但拿不回，連回家的車錢都無法給她：

「我下午拿一些去交舞蹈、鋼琴學費。」

粟米撒謊，心中懊悔萬分，有了積蓄的念頭。

她明白，家家戶戶都有本難唸的經，傳祖雖然嚴厲，但是對於子女以愛爲出發點，爲人子女者應該原諒傳祖，對她阿母的疼惜卻一萬個不明白，心頭重重的秤錘，不知該移動往哪邊？

雲集，雲厚很少回家看他阿爸，紅袖將希望寄託在兒子身上，為人子女不常回來看紅袖，她有時間管傳祖偷女人，有空檔思索，去外面工作的事！

三

時間過得眞快，明綠和他阿母吃過冬至湯圓，他想起大三時代，陪粟米到大屯主峰看夕陽，一路上看到幾種小時吃過的野果，走原木步道，看原野的風采。

有時陪粟米逛那石塊鋪設，宛如羊腸貫穿庭園的，林家花園小徑和遠東紡織廠後門一帶的舶來品屋。

粟米愛不釋手：

「這個音樂盒很好，打開就有古典音樂，音樂完畢再上發條，又再有音樂。K金雕刻，外型精緻，好喜歡！它可以作為一輩子的妝鏡。」

這次過年對明綠來說，相當有意義。一年前大哥遠洋行船，明綠請他：帶這個禮物回來。

寒假裡粟米忙著家事，有時候到鎮上火車站旁，早已充滿喜氣的街市，辦年貨。

紅袖拿隻筆邊寫邊說：

「粟米，到阿母買了十幾年的老店，照批發價買鈕釦、車線、縫線、畫粉、鬆緊帶……要說批發價。」

牽著腳踏車：

「知道。」

紅袖邊燙裙擺邊想：雖然天氣低溫，被燙斗熱氣，烤得袖口熱熱的，終年都是火氣上升中。

粟米最喜歡去鎮上了，騎著單車卡卡的，欣賞鄉村的樸素，廟口閒聊的老人，小路旁，井邊汲水的婦女、小孩。見到穿著短短水、泥、接著布的長褲，勤奮作田的農夫，得以傳遞農村情操的夫唱婦隨，她越騎越快。

買到了物品，保有女性應有的矜持，她只到明緣家後面，周圍，繞行幾圈，才趕快騎著單車回家。

一個下午時間，粟米換下外出的裙子，趕緊到河邊殺鵝拔鴨、拔豬頭皮、刨豬腳，她從小狗養大的黑狗跟進跟出。

住上屋的伯母：

「粟米，妳眞能幹，人又乖，提著燈籠也找不到啊！不像我女兒，連雞腳都彎不成煮來拜神！」

「伯母，不好意思。」

她不喜歡總是拿她比同伴！從搬來這以後，偏偏上家下屋的阿爸、阿母都喜歡拿自己的孩子和她比。考不好、洗衣、洗碗、洗頭、不乾淨、長頭蝨、灶頭鍋尾不會、一起採茶賺錢比她少。而鄰居的孩子嫉妒她，也怕她阿爸兇悍，因此從未踏入她家門一步，當然也不會和粟米做朋友。

她只知：

三更水冷磨石聲
莫要驚醒睡中人。
小女願代高堂意，
休語他人是女生。

村子的人，都知道，粟米從小就料理三餐，沒配飯的菜，沒湯都要一一煮出來，不讓她阿母操心，好讓她多做一些衣服賺錢來買米……。

山轉路轉又逢河，
提履足步越溪洲。
求學不畏山谷遠，
三灣初中ㄨㄨㄨ。

陳家有女初長成：

顛坡石子帶輪轉，
三灣粟米芝蘭香。
校門遠遠建竹南，
不畏風雨連數里。

通紅挾入燙斗裡，
過年鄰女取新衣。
換得許許阿堵物，
粟米雨衣身上披。

她頭牲殺好回到家時，雲集、雲厚，一個貼傳祖寫好的春聯，一個擦牆壁。
碗櫥早已清洗乾淨，兩邊柱子上傳祖寫的：

鋤禾日當午，汗滴禾下土，
誰知盤中飧，粒粒皆辛苦。

漆過亮光漆，顯得格外清楚。

客廳貼一張童言無忌，門外貼代表陳家精神的對聯。

玉貞、雅貞忙著蒸蘿蔔糕。

雲集、雲厚昨天「挨粿」袋子裡的米漿已榨掉水份，正在搓圓，炸「油追子」。

粟米煮雞鴨想：早上看到明綠，好像在掃蜘蛛網，他阿母到鄰居挑水回家。

自從他們放假那天，陪粟米到阿港伯商店前折返後，沒有再見面，實在很想她。

粟米打從心裡，爲明綠她阿母抱不平，有朝一日她要儘量補償她。明綠他阿爸，丟下她阿母和年輕的，另外組合美滿家庭，夜夜春宵，享著深入內容，豪華又舒服的……一連生了三個，王伯母像啞巴吃黃蓮一樣，日子照常過下去！

粟米老妹們說趣聞：

「不要像那個孤獨老人，年輕時愛賭，半夜專找寡婦、離婚、腥味重重的女人。老了，老婆不要他，他還嫌年輕的味兒不足，年輕的嫌棄他糖尿病、高血壓、痛風、心臟病、包皮過長，存款過矮。」

「不過，那時他還可以偷偷的到情趣商店買個洋娃娃。」

「什麼洋娃娃？」

「笨！充足氣男人就能用的啦！用完，趕緊擺回三段鎖的皮箱子，妳不知道？」

「裝魚丟掉的垃圾袋，資源回收製成塑膠品，硬碰硬，髒兮兮，不受傷才怪！」

「那是妳！」

粟米嘆氣，王媽媽住的是公家宿舍，他阿爸戶籍遷出去，連水電都不方便。

紅袖忙著用整匹布，做相同款式，長短不一的大外套，給她的女兒。客廳牆上掛了十幾件，阿里伯……等客人，會來領去過年的大衣服。

「阿母，不必作了，以後村人衣服都用買。」

「作的衣服較合身。」

裁縫車卡卡……，正趕著最後一件。

粟米挖一碗剛蒸熟，還帶蒸籠香的蘿蔔糕，加蒜泥醬油給紅袖，香甜在她的口裡，就像小時候，紅袖端給粟米吃一樣好吃。

阿里伯、阿山伯……陸續到陳家拿衣服。

第二天上午，傳祖到外村打鐵店，拿菜刀回家。鈴木摩托車載著大包小包進門，傳祖走進廚房的水缸邊說：

「粟米，新菜刀剁肉要小心，阿爸訂的棉被二件打好了，妳那麼怕冷，大的八斤，小的六斤。紅尼龍被套三百元，粗花布的一百五十元，在妳阿母的燙板上，去看喜歡嗎？另外妳愛看戲，手怕肥皀，會作衣服，阿爸也幫妳繳了第一期的分期付款，是買大同的小彩色電視機、洗衣機，還有勝家有小馬達的縫紉機。等妳畢業分期付清了，快結婚時候，阿爸才叫他們送來。」

粟米走往客廳。

「粟米，收起來，妳阿爸要給妳做嫁妝的。」

紅袖低頭繼續做衣服。

粟米對阿爸滿懷感恩的收著棉被。

用過午餐，一家人洗過了澡。

毛毛細雨越下越大，粟米在客廳牆上，抓了斗笠給老妹，三個共下到河畔洗衣，東聊西聊，一大擔的衣服，展示在屋簷下五、六枝竹篙上。

遠在台北公家機關上班的雲集、雲厚難得回家吃幾餐飯，今晚膨膨湃湃，大家一箸一箸的挾，顯得心情特別愉快。

黑狗也跍落桌下等骨頭吃，傳祖用腳尖踢牠，牠哀哀叫。

紅袖拿塊骨頭，叫牠：

「去稈棚下，跍著慢慢咬。」

黑狗一走，貓咪跳到她的大腳臂，粟米罵牠：

「沒規矩。」

雲集、雲厚想起求學時代，他阿爸的話：

「婞多姊妹恬恬聽，這錢給妳們當壓歲錢，出年假，就要還阿爸，鄰居問：有給壓歲錢嗎？就說有。」

除夕餐後，大大小小玩撲克牌，歡樂聲，阻止不了粟米的心事。若是明年初二，明綠能當女婿回娘家，該多好……！

俏麗的玉貞，看著，對粟米莫可奈何的雅貞：

「大姊，妳想什麼？」

傳祖平時下班以後就賭錢，何況是過年的晚間！

廚房裡頭，玩四色牌，什麼甚麼老母，你女兒給我「盡好勢」恰恰好啦，給你有恰好嗎？有啦，試才知道，阿姆娘呦！對中，對中，俺好……的聲音，和紅袖老勝家的卡卡卡，收音機的：

南風吻臉輕輕，飄過來花香濃。

南風吻臉輕輕，星已稀，月迷朦，

我倆緊偎親親，說不完情意濃，

我倆緊偎親親，句句話都由衷……的聲音形成強烈的對比。

傳祖上來二樓，打斷了聲音場景：

「粟米，正月過去，二、三十年前從神桌山下，搬走的李家會來提親。」

五個撲克牌迷，默不作聲，粟米幫玉貞，抽張黑桃十擺下。

他們每個都明白：她才不要相什麼親，粟米還有：要相自己去相的念頭。

傳祖下樓，接力大賽似的繼續玩。

這幾年，紅袖早已習慣他們，玩到出年假還不足，再到別人家玩的陋習。

和明綠相約的日子到了，粟米穿著紅袖年三十完工的大衣，來到每年初二，都去爬的獅頭山，山景如詩。明綠：

《世說新語・言語》：

「從山陰道上行，山川自相印發，使人應接不暇。」

「畢業後有甚麼打算？」

「服完役，向妳求婚。」

「粟米結婚了，新郎不是我。」

「不喜歡妳開這玩笑。」

「法律系的都不開玩笑的。」

「妳有甚麼打算？」

「先說你要出去唸書嗎？」

「爲了妳，沒這打算。」

他們一階一階的踏著，經過法雲寺……摸著水濂洞涼涼的泉水，莊嚴的氣勢，秀麗的山景，清幽的勝地，爲一對純眞人兒寫下美麗的詩句，突然！

「妳看，有虎頭蜂。」

「哇！好可怕，黃土色的，好像虎頭！竟然長在這一帶最高的樹上！」

「粟米，妳看那棵木麻黃。」

「怎麼也有虎頭蜂？好可怕！快離開。」

「沒關係，氣流不同牠們不會飛下來……。」

「走啦、走啦……。」

年度沾滿喜氣的日子從兄妹、妯娌談心，玩撲克牌，雲集、雲厚去朋友家，同學會中溜走，家裡恢復了往昔。

四

又是一年的元宵節，這段寒假期間，粟米沒有到鄰村撿舊茶，努力溫習功課，菜園的菜澆得嫩嫩的，家裡弄得有條不紊。

去年剩下來的，今年新摘的竹葉，拿到水井邊刷。

稱好的糯米洗淨泡上，炒米、豬肉、菜脯、豆腐乾、爆香蝦米、包粽子忙得不可開交。

當會計的玉貞、雅貞從工廠放假進門，人未來聲先到。

三天來和往年一樣「廟」前鑼鼓喧天，樂曲重重。

傍晚，廚房周圍，石子路上，多了面帶笑容的講話聲，扛長板凳人的腳步聲。

粟米從小到大，廟口演戲，從未缺席。除了看戲外，她阿母說她：

「吃到山楂就想到看戲，看戲就想到吃山楂；吃到棉花糖就想到童年，想到童年就看到棉花糖。」

眞是的，台北沒戲也沒山楂。不過有一次，和明綠去指南宮，看到賣山楂，粟米覺得那兒特別溫馨，人群好比是演戲。

啊！太久沒吃到山楂，覺得滿口無味，她想吃極了。

粟米從廚房叫：

「玉貞，雅貞。」

她領著老妹，把榨乾的米漿，搓揉成棒子狀，再裁成一顆顆，顆顆三百六十度轉轉轉，雙手濕潤潤，球兒圓滾滾。不一會兒，白嫩嫩、熱騰騰的圓子浮起，帶給粟米，黏綢綢、滑溜溜、團圓、幸運、希望……的時候，將它一杓杓倒入薑汁甜湯中，或是蒜、肉、韭菜、香菜、蝦米、鹹湯裡，大家熱呼呼的吃著。

唯獨粟米不吃鹹湯圓，還舀起一大碗公放著。

「阿姊，怎麼不吃？」

「怪人，別理她，她要吃回鍋的，還什麼回鍋湯圓，要偷……偷……吃，慢……慢……吃！別轉告別人。」

「笑死人。」

玉貞、雅貞在家裡，連一個晚上也呆不住，餐後，到外村找同學玩撲克牌，到萬善廟看戲、買山楂。

傳祖，一屋子玩四色牌的老老壯壯，三教九流，抽菸烏煙瘴氣，滿口髒話，眼睛轉來轉去，葫蘆裡不知有幾顆粒，賣什麼膏藥，粗俗野蠻，陰險萬分。

粟米難得耳根清淨，搬張圓凳子往廟前，買枝山楂，選個瘦削，但還很健康的阿伯右邊，還算中間的小空位，看得聚精會神。

今晚演出「商鞅變法。」……秦國用高官厚祿法，想網羅人才，公叔尚未完成推薦商鞅的工作，卻得了重病死亡，正在失去公叔時……觀衆不忍，古代好人、賢人不是英才早逝，就是被逼迫隱居……。

粟米想到白色恐怖事件，甚麼人，甚麼人，什麼人……何時出頭天，他們不求當高官貴人，只求生而平等，在國際間的生存權。她感嘆：何時天下兄弟才能不分大小塊，融合住在一起……。

阿里伯繼續的聊著：

傳祖的女兒，書讀得好又乖，阿昌的兒子中意去提親，媒婆阿蘭先找她自己講，那時候她說：才高中畢業還要讀大學。

阿山伯、阿里伯，轉頭和粟米微笑。

他們穿著灰灰，黑黑，請紅袖作的，很「大領」的大衣，頭上戴頂毛線帽，提著「竹火爐」雖然一臉佈滿皺紋，滿面風霜，但是神態悠閒，不失知足的感覺。

他們公婆一起來看戲，「哺娘」坐在後面一點，頭包著大手帕，但是看得出來，是挽著擦過茶油的髮髻，這髮髻和阿婆一樣，是阿母留長剪一小束給她挽的，眞幸福，有孝順的媳婦。

她們手腕掛著手環，應該也有戴嫁妝，或是兒女送的耳環。

是很幸福的老夫妻，粟米羨慕不已。

阿山伯環抱雙手：

這粟米姊妹娶得到最好，讀高中的時候，她阿爸同到狐狸精，又有錢賭沒錢請人作田，她們兄妹一手一手摸泥漿，田埂摸到平平。除草的時候跟雲集、雲厚穿著長褲，褲管捲起，跪在水田中。

她阿母抱怨，粟米連下雨天、星期日都要砍柴。星期一要月考，書擺旁邊，看一下砍幾下木柴。

他阿爸連四百五十元，要去向鄰居借給她們註册；明天要註册了，今天晚上，粟米在客廳走來走去，她阿爸還沒有錢買布，給她阿母作裙子；高中那件裙子初中穿三年，翻過另一面，裙擺縫一縫，再穿三年，高中同學覺得奇怪，人家群擺倒向左邊，粟米的爲什麼摺向右邊？

阿山伯，阿里伯，他們幾個老的，子女有所成就，閒來沒事，廟口一坐就是半天，有的笑，有的點頭，感情很好的樣子，什麼春節種什麼，夏季做什麼事；哪家的牛姆產子，那家老公到南莊挖煤礦，女人同客兒，那家女人沒嫁，到台北幫總經理生兩個兒子回來。總經理回來開著賓士、勞斯萊斯，鈔票一把一把……他們無一遺漏。

粟米眼睛看台上，偶而聽到他們的聲音，她只厭煩這些鄉下人，愛作媒婆幹嘛！不作媒下輩子也不會牽豬哥！

台上秦孝公要求才，商鞅來到秦國……。

大戲進入尾聲。

粟米扛著圓凳，經過台下幾個小孩面前，一個想用砲吃車，沒想到馬早已在等了，粟米要他：先吃他的卒再做打算。

一群人在回家的石頭路上，唧唧喳喳說著。

明綠牽著腳踏車，走在粟米後面，兩個裝作不認識，粟米回到家已經十一點多。

紅袖還在作衣服，粟米輕輕推門，和她阿母微笑後走上玉貞、雅貞已經離開的樓梯。

廚房裡打四色牌的燈光明亮……。

五

半年以後，璀璨豐富的夜大生活對粟米來說，已經成為追憶。

六十年代，一個三月的新學期，粟米接到大部份屬牛的一班孩子。

這群孩提和她之間，似乎一見如故，她第一眼就喜愛上他們，抱著給孩子快樂童年的理念；這理念陪伴她，充實她的生命。

早出晚歸，教學相長中，她又覺得光是幫助他們，留住童年美麗的回憶是不夠的，還應該培養他們成為，能獨立學習的人，也非常重要。

每天清晨，粟米第一個傾聽，校園早起鳥兒的歌唱，清晰的歌聲中，她踏著輕快的腳步，帶著喜悅的心情，見到幾個志同道合的同仁，摸到幾個衣裙整潔，眼睛大大，皮膚健康，帶著酒渦和籃球的孩子們的頭。她們坐在花壇邊，說著心得、方法、志願、抱負、興趣、習舞……開始一天的活動。

「起立、敬禮、坐下、」

粟米微笑可親：

「昨天給的功課『獨』這個字，參考老師的方法研究了嗎？」

學生踴躍發言：

獨子：沒有兄弟。

鐲：鐲子

觸：觸怒。

濁：濁流。

燭：燭台。

蠋：蜎蜎者蠋。

躅：芳躅。

「老師我們還要造句。」粟米請程度稍差者：

「曉君先說。」。

「這次文藝創作，又是他獨占鰲頭，眞令人佩服。」全班微笑並且鼓勵。

「你的棋藝須多加勤練，想獨步天下還早呢！」

師生明白，全班掌聲裏，最害羞的他，多了些信心。

「小朋友，有查到古詩嗎？」粟米和氣的問。

幾乎都舉手並且拿出作業簿，粟米知道應該珍惜，和這群知足的孩子，相聚共一堂的緣份，她和氣的：

「純純，妳來說。」

「『獨』在異鄉爲異客，

每逢佳節倍思親，

遙知兄弟登高處，

遍插茱萸少一人。老師，白話文要說嗎？」

「妳乖，發表來聽聽。」

「我一個人孤單在外地生活，每次到了過年的時候，就會更加想念親人；今天是重陽節，雖然我離家鄉很遠，但是我知家裡的兄弟姊妹，現在一定爬到很高的山上去過節了，在他們插上茱萸的時候，一定會想到少了我呀！」全班鼓掌未完又急於舉手發表。

「老師，學文他來讀詩，我來說白話文。」

婷婷說完，全班一陣掌聲後立刻安靜。

「ㄡ！很好。」

「『獨』坐幽篁裡，

彈琴復長嘯。

深林人不知，

明月來相照。

我自己坐在幽靜的竹林裡面，有時候彈琴，有時候吹口哨，非常逍遙自在，沒有人會知道，我在這幽深的竹林裏，只有明月灑下月光照亮我。」

「好極了，這情境，不就是我們世世代代所走過的嗎？詩句的容顏，不就是和我們一樣嗎？」

文字、文學，似乎漸漸鎖定孩子們的記憶，粟米的歡喜掛在嘴角，心裡有了下一節課以：角色扮演來呈現。

「老師，我也要說。」

又是一陣挽不住卻永恆的掌聲。

「好！秋霜，妳來發表。」

「的麗流光小，

飄颻若翅輕，

恐畏無人識，

『獨』自暗中明。

螢火蟲時常閃著，牠尾巴上小小的亮光，在風中輕輕的拍打牠薄弱的翅膀，因為牠怕沒有人認識牠，所以晚上的時候，自己在黑暗中放光亮。老師，若霜也要發表。」

「粟米點頭，學生的潛力，帶給她的快樂，像一座山、一片雲的相會。

眾鳥高飛盡，

孤雲『獨』去閒，

相看兩不厭，

只有敬亭山……。」

噹、噹、噹……下課鐘聲響起，孩子們帶著踏實，歡樂的腳步，遊戲著回家。

傳祖從另外一個學校下班，心靈、形體拋棄渴望與他相聚的紅袖。

他走過小橋、溪流。上半夜被賭桌榨去了全家的柴、米、油、鹽、醬、醋、茶；下半夜，投向另外一個女人的懷抱，狐狸精舔乾了他一身的「漦」。

夜晚紅袖經常反省自己，她並沒有讓傳祖活得不自在，她並沒有不留給他空間，他爲什麼要讓婚姻的路走得越來越小？難道就如傳祖所說：兩性生活不能協調嗎？

當傳祖歷劫歸來時，已是山嵐霧氣，萬縷晨光。

六

又是個月白風輕的週六夜晚，廚房裡聚集了一群牛頭馬面，玩四色牌。不斷傳來，這給你恰好嗎？這給你恰恰好……的聲音。

粟米在二樓，輕輕的拿出衣櫃角落，明綠寫快七年，八百多封的信。

高二下愛國歌曲比賽那天，妳伴奏時大方的舉止，近人的笑容，雖然是對著大家，可是我卻覺得笑容裡的一切是爲我而出現。這是大一收的。

五月二十日五點整，到紅樓劇場看：誰來晚餐，不見不散……。

六月二十日晚上五點，到紅樓聚場看：羅馬假期……。

……楓葉情……。

……藍與黑……。

紅袖停下燙衣工作，眞愁粟米，悉悉索索，不知在樓上做什麼！

她停下拿信，聽紅袖踏木頭樓梯上來的聲音。

「不要老是拿出來看，收起來，等一下妳阿爸來了。」

粟米繼續看照片寫的日記、信件。

我們到林家花園的照片，妳好古典，不知這貌美的花園，能和粟米一樣，永遠青春嗎？下星期日我們到指南宮，到時幫妳多照一點。

紅袖坐近她身邊大眠床邊柱上：

「林家花園那麼美？」

紅袖看她手上的照片，婉媚風情的庭園，朱紅圓門的中央，站著亭亭玉立的知音。

「阿母，其實到林家花園和到獅頭山、政大的後山看茶樹，我一樣喜歡，林家花園建築宏偉，從圓形門望進去，假山、亭台、林泉幽遠，古色古香如入仙境，聽說以前科舉時代，林家有舉人，早早以前不知有插旗桿嗎？」

粟米心想：有的話一定更發人思古之情。

「妳阿公說，林家的官，是慈禧太后生日，他們林家，捐獻幾十萬銀圓而得封的是嗎？」

「阿婆的娘家劉屋，三合院前就有旗桿的柱石。」粟米點頭，輕輕說。

紅袖翻閱幾張照片。

「老一輩說，情侶不要去指南宮，妳還去！」

紅袖意味她和明綠的往後？

「不會有問題。」粟米明白：寒風、老街、老人、小草爲她作見證。

看了又看粟米和明綠的合照：

紅袖心急。

「這個男的，一看就喜歡。」

自己女兒喜歡的應該是正人君子。

「若是妳二伯還在的話，只有他說的話，妳阿爸肯聽，妳早已結婚，就不必和明綠辛辛苦苦，妳和她有過嗎？等一下妳阿爸上來，把妳這些都燒燬。」

「甚麼都沒有。」粟米默然，收起信件。

若失去這些青山綠水，失去這些有聲無聲，就像在夢境中，欣賞晚霞，聽山澗的流水，不幸跌落縱身跳過的崖壁，當醒過來時，萬般無奈的，永遠止住千年萬年的流泉。

「以後收不到信了，妳阿爸請郵差把所有的信，送到他的辦公室。」

樓下傳來收四色牌，賭博狂散場，抽屜犖犖确确，拿錢結帳的聲音。

紅袖神色慌張起來，在熄燈中趕忙下樓就寢，躺下來不到兩分鐘，不斷傳出她乾咳嗽的聲音。

七

日復一日，粟米慣例準時上、下班。

首先映入眼簾的是：紅袖雙腿嚴重的靜脈曲張，縫紉機車輪，旋轉的數量，可以入金氏記錄。

她放下皮包，吃碗冷飯配花生米，趕緊幫忙紅袖煮中藥。一邊搧爐火，一邊嘴嘟嘟的，抱怨傳祖，不知夫婦相處之道義責任。她烤那麼多炭火，沒想到買些許涼的給紅袖。紅袖過年咳嗽到現在，門外聽到她又在咳，咳到臉都紅紅，滿頭大汗。

阿婆說，甘蔗烳熱，橘子烳熱，吃咳嗽最好。

一屋子靜靜的空氣上層，徘徊著淡淡的甘蔗香。粟米削好皮給她阿母吃，希望會好起來。她自己作衣服的錢，吃西藥吃一個月了，卻未見好轉，還越來越厲害，尤其是晚上，更是無法入睡。

粟米薪水全數交給傳祖，至少應該發個五十塊錢，才不會連買衛生紙的錢都沒有。

粟米端碗藥來，說：

「阿母，妳是哪兒失調？」

一向話不多的紅袖喝完藥說：

「沒有，哪有什麼失調？」

「阿母，我好朋友來用布墊子，騎腳踏車下班，一直摩擦，那裡皮都破了，好痛，你給我錢，我到阿港伯那買衛生紙？馬上回來幫妳燙衣服，現在用電燙斗很輕巧方便，我喜歡。」

粟米轉身，傳祖氣極敗壞的進門，她們楞住。

傳祖拿封信函，命令的口氣：

「粟米，過來。」

粟米嚇住，尿液自闖而出。

紅袖對這「壞陋到」被說到，就要割頸，叔公阿伯、家法庭、夥房人，都奈何不了的傳祖，氣憤得走到廚房，想拿個爛碗公投過去，卻是怒而不敢行，眼睜睜的想罵他：

「以前阿爸是這樣教你的嗎？」

紅袖、粟米對看。紅袖心裡罵：敗家子，你這個人得不到福氣！

她往外跑出，到門外又擔心傳祖失去理智，一時不知跑向何處求救？往三合院須要一小時多的路程，猶豫一下，決定往附近遠房的阿伯家。

「談什麼戀愛，丟人現眼，泄祖八代，五年前就說過了，有限哪裡不好？品行！IQ！爸爸哪裡看錯？沒田沒地，妳才不會做得要死！」

「我不要，我不認識他。」

「你說，武頓又紮健，要到那找？」

傳祖怒不可遏，想動手的樣子。

粟米看怒氣沖沖的傳祖：

「阿母說，他皮膚黑，人中好短！」

傳祖的不滿，稍爲緩和，走進臥房拿出信封，當粟米面抽出一張照片：

「妳看，哪會！」

粟米不看，將它放置紅袖漫板上。

「像妳阿母！賣骨頭的。」

傳祖像遇上不共戴天之仇敵。

粟米低頭輕聲說：

「從小到大我未曾不順你，我誰都不嫁。」

傳祖聽見她這前句話，把伸出要揮刀之力的手收回，緩緩的說：「男大當婚，女大當嫁，妳妹妹都要嫁了，妳還可以再等幾年？」

粟米無奈的看著傳祖。

他從不嫌她的妹妹，阿哥們的男女朋友，自己卻是：命兩不足：

「早嫁、晚嫁都是緣份，我自己要嫁不嫁的事，什麼時候嫁的事，都應該由自己來決定。」

一向溫柔乖巧的，今天吃了虎、豹、熊的膽，和他說理。

她本來就是老虎養大的。

瞬間十隻紫紅色的手指，烙印在白皙皙的臉蛋，粟米跌撞，以頭擊中木造樓梯以後，傳祖早已不知去向。

當她清醒時，覺得涼涼的紅色珠珠，成串滾落，她撥冗額頭的秀髮，黏黏的額頭，染紅了她的雙手。她爬起來，萬念俱灰的離開家門。

這時，紅袖和黃屋老伯喘噓噓的衝進屋裡，見人去樓空，大勢已去。

紅袖轉身：

「阿哥，你看這地上？」

「是血！這痼瘼子、夭壽子、從小懶屍又折福，講他不聽，才讓他出國去讀書，還是沒變，江山易改本性難移，敗家子。」

時候不早，村人、家禽、往溪裏、河裏捉蝦、裝蟹的都陸續回家。

眼看山裡的天空，一片烏雲，所幸地上的血滴會告訴她們，粟米人在哪兒？

他們低著頭，往外出的碎石子路走著，不料屋漏偏逢連夜雨，傾盆大雨，可以洗淨傳祖血猩的手；路面流向路邊水溝的水，卻一輩子也稀釋不出，石子路上粟米的血跡心聲。

他們只好往回走，在紅袖家等著。

「阿哥，不要氣，粟米不會跑遠的，拜託你小的兒子到鎮上粟米的朋友，明綠家一趟。」

坐在籐椅子，有些疲勞的聲音：

「住所呢？」

「我到樓上拿。」

紅袖咚、咚、匆促上下木樓梯。

「請這個叫明綠的，暫時不要來信，承蒙你。」

紅袖看看門外，毛毛細雨，拿頂斗笠給他遠親的阿哥回家。

八

粟米坐在花生園，黑夜，覆蓋了一片浪漫的綠浪，她鬱鬱的沉思：「……他哪裡不好……？」

不是姓李的好不好，不是ＩＱ、ＥＱ、ＣＱ……的問題，而是她忘不了明綠。

既然和他無緣，爲了傳祖不和紅袖爭執，只好勉爲其難的求其次，一切由他作主，說什麼也沒用，她願將往事，像顆小石子投入廚房邊的水井，不留任何漣漪嗎？

她擦乾淚水，踏出腳步，一切以平常心來看，竹密不防流水過，山高豈礙白雲飛。暫時她不懂甚麼叫愛情，愛情價值多少，愛情是可以培養，需要永恆的培養。她有信心讓另外一個男人愛她，回家吧！看來，她似乎準備做個欠感情債的人。

粟米進門，上樓拿紅袖作的睡衣，走進廚房正要提水桶。

紅袖蹲在灶前燒洗澡水，準備給粟米用，她起身拉住粟米，看清楚她的面貌、前額：

「短命子！這裡有個小疤，若是不會長回去，跟我破相，我一定和他沒完沒了，夭壽子！」

「阿母，沒關係我只是流鼻血而已！」

粟米淡淡的說完，舀水進入浴室。

紅袖蹲在灶前燒水，對洗澡的粟米說：

「是阿母年輕時，沒有離婚害了妳，那時離婚帶著妳，憑阿母作裁縫，一樣能把妳養大，供妳讀大學。」

粟米想：是啊！培育我上大學，盡一切力量，爲我築避風港，是難不倒勤勞，節儉的紅袖。紅袖看得太多了，若早在十幾年前就離開他，不把作好媳婦，作好妻子，作好母親，不把愛情擺在第一順位，現在早已作好，自己快樂生活的準備。粟米怨嘆：自己像是一棵成長中的樹根，不小心纏死自己身邊的大樹。

可是世間女人，怎麼一而再，再而三的一直犯相同的毛病？就是不能突破或提早心理建設自己，行動改變自己，使每個獨立的個體，都有能力解決這個很嚴重的，完完全全，靠愛情而活的女人問題！

九

王家電鈴聲響：

「請問王明綠先生在嗎？」

王阿母走出，向路燈周圍望：

「誰人？他去買個燈泡就回來，請進！請進。」

王媽媽、黃先生不說話站著：

「請王明綠先生暫時不要寫信給粟米。」

明綠購物返回。

「王先生，不好意思，我姓黃，是你的就跑不掉，不是你的就追不回啦！」

「是啊！我也勸導：凡事不要強求，不會長肉的膝蓋，就是貼肉也不會長肉！」

說完匆匆擺手離去。

明綠感覺莫名其妙，正要開口。

王太太不等明綠問，自己言語：

「粟米她阿爸要她嫁別人，這個人眞有福氣。」

「阿母，妳說什麼？不可能是這樣！這不能亂說。」

「她阿母派黃先生來，要你暫時不要寄信給粟米。」

難怪好久以來，問郵差都說沒信，明綠離開正要坐下的飯桌，躲到房間。

他從壁櫥裡頭，拿出一大包的信來，粟米信裡寫些什麼，模糊不清。

桌面她的大照片，似乎對著他微笑，但是迷人的酒渦卻看不清楚。

七年的感情，不能這樣暫停而劃下句點，妳對我有情，妳說呀！爲什麼不說出來，難道妳一切都是在欺騙？七年了，甚麼也沒有留過，那是因爲：我認爲，妳遲早是我的。現在，恨不得立刻跑到妳身邊……妳才會不離開，我不解，難道妳也是尋求這條公式的女子?!

我覺得自從認識你以後，我們處得很愉快，從未發生口角，凡事妳都以平常心看之。妳也不因爲我的窮困而鄙視我，不因爲我家世而不與我來往，不因爲妳家人反對，而不與我來往，我們的感情是眞摯的，妳說啊！妳爲什麼不向他說說？

他徹夜未眠躺在床上，不相信這段緣，會是經不起考驗，而滿懷信心的笑。一會兒又想現在就到她家去，萬一她家人，拒人於千里之外，而悲從中來，壓抑著自己，呆呆的看著天花板。

好不容易，牆上的鐘敲了三下，隨便抹把臉，牽著腳踏車，他阿母矇矓睡眼中追出，關切的問：

「三更半夜的，你去哪裡？你瘋了是嗎？」

失魂落魄，頭也不回的走了。

他騎著單車，雖然是六月的清晨，卻不覺還有迎面的涼風。他經過遠遠才一盞路燈的路段，約略四十分鐘光景，他到達粟米家附近，停放腳踏車以後，環繞她家踱步，只見二樓燈光亮著。繞過水圳，和她口中的小偷一樣，登上花生園。

桌上趴著的是粟米沒錯，他從小山坡地，遙想和她說話，因爲她聽不到而頓足，雖然她的黑狗，表現的是歡迎的眼神，他知道她阿爸早上就要回到了，他只好匆匆離去。

帶著疲憊不堪的身心，他越發覺這份感情，對他的重要，無助兩個字變得越來越大。

他含著眼淚，見到他阿母竟然淚如雨下，彷彿失去理性，搥打牆壁哭叫：

「媽媽！我知道原因！不公平，不公平，她從來就不說出，她阿爸反對的原因，這就是使我更痛苦的原因，使我頭顱要爆炸的原因……。」

她沒有說出，不敢帶明綠見家人的原因，其實沒有原因，只是她阿爸太兇悍了，又不願意她嫁大陸人，她怕萬一傳祖傷害了明綠的自尊，所以，根本沒有勇氣說明，自己早已決定和他結婚的決心。

趴下的粟米臉譜變了型，鼻頭腫腫，痴痴的眼神下，佈滿了血絲。她反反覆覆，似睡著、似迷糊、似醒過來時，眼花撩亂的，明綠的身影在他的腦海，似乎又在她的身邊。她想用拳頭搥打自己的胸口，用那條純純棉質紅色小手巾，繫緊自己的脖頸……。

不要，不可以，粟米想和他成家，幫他生子。做人的女兒、孫女、學生、老師、朋友、鄰居……不能這麼樣，她只好六神無主的，神情呆滯沮喪。

一夜來，粟米把不敢說給她阿爸聽的話，說出來給自己的腦海聽。

阿爸，你說嫁給他，就永遠回不來了，這句話是不對的。不會是這樣的。她和明綠結婚，她喜歡那美麗的山河，萬里長城、西湖，還有李白、杜甫、李清照、所有詩人的家鄉。有機會，明綠帶她回他那遙遠……遙遠……的故鄉看一看，他一定會帶粟米回來的，你們還是可以看到她、關心她的。

求求你，她不要想明綠一輩子。

晨光輕輕撥開，綠意盎然的花生園上一片輕飄的霧靄。

她穿上淡淡楓紅秋裝，疲憊不堪的，向門口的紅袖：

「我下班會快點回來。」

「妳兩餐不吃不餓死也怪！」

一〇

幾個月來，粟米跌入夢境中的山澗。

春去秋來的楓紅不斷的鼓噪，使明綠奢侈的在家、在辦公室期待她的佳音。

校園三三兩兩打球的孩童。

粟米佇立窗邊，望向窗外的老榕樹，時間的車輪經過它每一根鬍鬚、枝葉的縫隙，有了茂盛枝葉的大樹，引來一群騎馬打仗的孩童。

她卻曾是一朵華麗的雲彩，而今不知該飄向何方！

「起立、敬禮。」

「老師好。」

「老師，我們要繼續講『遷』這個字可以嗎？」

「好的。」

粟米微笑。

全班舉手：

「老師，我們找到《四書》裡『遷怒』的資料。」

「哇！太好了！時中，你來說說看。」：

哀公問：「弟子孰爲好學？」孔子對曰：「有顏回者好學，不『遷怒』，不貳過。不幸短命死矣！今也則亡，未聞好學者也。」

「老師，我要發表白話文。」

「好！大家輕聲的說。」

「魯哀公問孔子……。」

「……。」

方方舉手說：

「老師，『遷』這個字，我們還有英文，要背寫給老師看。」

正義、本國，兩個學童，爭先恐後又動口、拉扯，粟米注意到。

「小朋友，你們非常用心，表現得非常好，換老師先講個發生在我們自己縣裡的笑話，希望你們喜歡。」

「題目是：屙屎嚇番。是太老師講給老師聽得，不知道你們的阿公、阿婆、父母講過沒有？」

一陣熱烈的掌聲：

「沒有。」

「本來我們的祖先開發桌蘭的時節，眞艱苦，常常和番人爲著耕種的田地，相爭而冤家，開墾的人，大體多係單身哥比較多，蕃仔就會一陣出草來殺人頭，去祭拜他的神明。

這一代開墾的平地人，爲著安全，就組織一支義勇保甲隊去打番人，一直打到白布帆這個地方，番仔就退去埋伏坪。常常在暗晡時頭，番人就會出來砍人，這次的砍人頭，就不是爲了拜神，像結冤仇般的互相砍啦！

到尾，恼到一個好計謀，就是設隘口，請隘勇來看守，見番人出剿，就做射火信號，大家就去支援，就這樣砍來砍去，死了很多人。有人恼到一個好方法說：拿該桂竹莞，一節一節，將人屎、頭牲屎總下濫濫共下，尖落竹筒裡，又尖出來，大條大條，這個位子尖一蒲屎，那個位子尖一蒲屎，像眞正的大漢人屙的屎，又打眞正、大大隻的草鞋，穿著踏來踏去，這個位子踏一個腳印，那個位子踏一個腳印，一些人去踏壏溝糜。」

全班笑得前俯後仰，眼淚也流出來。粟米暫停再繼續。

「番人出來砍人頭，看到地上那麼大蒲的屎，又那麼大的腳印，卻著屎驚，心肝想：這些平地人，去那裡請這麼大的大漢當隘勇，這搞不得，不知有多能幹！多有力噢！

這件屙屎嚇番人的事了以後，番人就很久很久不敢來砍人，桌蘭莊平安好久。到今晡日，番人就住白布帆的深山，平地人住外面。」

「聽完故事小朋友有什麼感想？本是……。」

他們舉手發言。

「本是同根生相煎何太急！」

「暴力解決事情是最大的錯誤。」

「……。」

「好，請正義出來！現一下英文。」興高采烈鼓勵。

「『遷』徙流離：SAID OF REFUGEES.」

小朋友繼續踴躍的舉手，信心十足的寫：

「『遷』延：TO PROCRASTINATE.」

「『遷』居：TO MORE INTE A NEW RESIDENCE.」

「『遷』就：TO COMPROMISE：TO MEET HALF WAY, TO ACCOMMODATE.」

「『遷』怒……。」

全班給予愛的掌聲後，整齊的讀聲中結束這一節課。

「起立、敬禮。」

「老師再見。」

十一

粟米收拾東西，三名學生折回教室：

「老師，有客人。」

說完微笑擺手走出教室。

頭大面四方的明綠，著藍色西裝執束玫瑰花，迎面進來，照理又是吹起一陣初春的風，風兒剛剛拂動園子初開的花卉，但是粟米頗有春殘花漸落，心頭卻難斬斷情緣般，苦不堪言：

「小朋友，你們可以回家。」

邊說邊搬兩張椅子。

「學生很可愛。」

「謝謝誇獎，不過他們和我相處和兄弟姊妹一樣，互相瞭解是眞的，他們知道自己需要甚麼，我也知道應該給他們甚麼？」

粟米從頭到腳細細打量明綠。

「妳給他們什麼？」

「童年只有一個，黛玉爲花盡心，我爲下一代盡心。」

「那妳知道誰爲妳盡心？」

粟米不語。

明綠帶有玫瑰花香的右手，搭在粟米肩上，似乎想由青澀到當過大人，體驗一下溫柔迷人女子，初次進入自己眞實的人生，粟米輕推他：

明綠緊緊握著他的手，心頭有隱隱，她屬於他的感覺：

「妳還躲開我？」

「現在不是欣賞溫柔、和順、詩詞的時候！」

「嗳……早知如此痛苦，何必當初！」

「當初，現在，以後，永遠都一樣！」

明綠撩起西裝，在口袋取出一條紅巾子，絲綢細緻，細緻中一指千足戒指，戒指有新主人的芳名陳粟米，和她高雅氣質；粟米打開皮包小內袋，取出牛形玉墜，迫不及待的找到暫時朝思暮想的情侶口袋：

「我先負你，將來、一輩子，懲罰我想你，想得少魂欠魄的！夠嗎？」

「別私自胡思亂想！」

「抱歉！談我的學生吧！」

「讓他們發揮學習潛力，充實生活，培養進入文學世界來說：要求他們編故事劇本，選出最好的一本，以角色扮演方式上課，他們高興、有趣極了，像電影一樣好看。」

她拿一疊作業簿給明綠翻。

「當妳的學生眞是幸運兒。」

「當他們的老師才幸福！日記不給他阿母看，說是秘密，我一天看到五、六十個秘密！」

「一個月前校外教學，到金鳥樂園，投五元抽籤詩，你猜我中甚麼？」

「中籤王。」

粟米簡直不敢相信，明綠時刻都和她契合著，怪不得以前雨足說：感情好的話，連要上廁所的時間都同時。

「有個小朋友中枝下下籤，我一看急忙補五元給她。」

「沒關係，這好玩而已，不要傷心。」

「誰料再抽中的還是很差，這乖孩子都快哭出來。」

「老師再給妳五元。」

「她的答案竟然還是一樣！」

「你說巧合不巧合？」

明綠長久壓抑的熱情想做個消除，輕移椅子往後，雙手環抱粟米雙肩，輕輕說：

「假如我……你，妳答應嗎？」

粟米心想：明綠眞單純，這還用問！眞愛他。雖肌膚之親而生香而迷人，一片濕潤冰涼而閉目而溫香，但在情與理性的調和，他低下頭，推開他們的心思。

鈴木摩托車聲往教室方向駛來，粟米是一頭待宰羊！待宰牛！被怒火正燒，咬牙凜凜的傳祖，狠心的拖拉出教室，啪！啪兩聲。粟米跌撞到簷下大廊柱，再被抵觸托起，撕破紅袖爲她親手縫製的，她心愛的背心裙，露出白嫩豐腴的大腿和內褲，羞死、慾絕、低沉的、哭泣的淚滴，止不住衝擊而來，灼燒心肝的烈焰。

明綠沒有依靠搭救的時間、空間，驚慌失措。

傳祖跨上發動中的摩托車，大聲命令：

「上來。」

明綠愣愣地覺得慘不忍睹，眼睛隨鈴木車行到校門外，看清楚，粟米一手捲破裙，一手拉遮不住內褲，捲剩的破裙，沒有手頻頻拭淚。

紅袖和牆上的鐘，一直等不到粟米腳踏車進門的聲音。

繼續做衣服過了半小時，傳祖摩托車放下衣衫不整的粟米，自己揚長而去。

粟米看似奇裝異服，衣裙襤褸，帶回揮之不去的滄桑淚，走上樓梯，緊張、慌忙的紅袖急跟而上。

她脫下破咖啡色背心裙，紅袖立刻接走擺在身後。

粟米沙啞低沉：

「阿母，妳拿去哪？」

「妳要阿母怎麼做？」

紅袖神情凝重。

「丟棄，捨不得，補好以後我穿一段時間，每天打扮得漂亮漂亮，在街頭看人，看呆了，到龍發堂，阿母，妳也沒有時間，到龍發堂來會客，幫我養雞撿雞蛋！或是到好心人開的洗車場，看我幫人洗車！」粟米低潮無奈得像朵已凋謝，還被踩成碎片的相思樹黃花。

紅袖用撕成一條帶子的裙擺，將整件捆成一團，心裡明白：從此以後，不讓粟米再見到和背心裙有關的照片，而粟米也未曾想在碎布包，垃圾桶拾回破爛的記憶，當然直到永遠，她未曾再穿咖啡色或背心裙。

「半夜了還不睡覺，這樣走來走去，我快被你煩死！去睡吧。」明綠阿母不忍他失魂落魄的模樣。

揮不去粟米白色襯衫，只剩咖啡色上半身裙子，遠離的影子，一直在眼前天花板下。下午厭惡的事，在腦神經溢血，明綠眼睛佈滿血絲，一切事物時而清楚時而模糊。

從蟬鳴四起，哇鳴聲此起彼落，粟米一直坐在四十燭燈光前，等待明天，明天能給與什麼，花樣的年華？看不厭倦的照片？照片裡飄逸的長髮？只有她自己不勝寒的身子，和冷冷的眼淚！

她怨歎人間世事何其恩怨、恩澤、橫架直豎，像一球弄濕又搓洗過的棉球，何其難解？

粟米想起紅袖的話：她阿爸吃完工，醉倒在河畔，恰巧喪偶有年的狐狸精吃完工回家，眼見深山傾盆大雨，黑夜的河水漸漸變黃，升高，她背起醉醺醺的她阿爸回她家……。

她想到不知道憐香惜玉，只知辣手摧花的男人，不知愛的眞締，怎麼能結婚？又生子、生女！

他動筆寫不能寄出的信：

粟米：

千言萬語不知該從何說起？！我只以一首詩來表達我現在的心情：南方有喬木，不可休息。漢有游女，不可求思，漢之廣矣！不可泳思，江之泳矣，不可方思。……我心已碎。

粟米在寫信。

明綠：

書畫告訴我們：燕子本是喜歡雙飛的。

而今一對，有一樣鄉情的燕子即將分飛，羽翼不能並齊。

想到你，站在那好久，直到望不見，我今天狼狽不堪的樣子，我哭下的淚珠，像下雨似的。

我不禁懷疑：難道古時也有想雙棲的燕子，不能成侶嗎？

「……。」

迷糊中，夢現般，千言萬語無從述說，到約定的地點見面好嗎？

燕子飛了，秋後寒風刺骨，粟米、明綠並肩坐在獅頭山涼亭。

「……我們訂婚……。」

她一句話也不回，看著青山。

若繼續下去，她少不了皮開肉綻。

見一仙子，不說話，卻傳來聲音：

「粟米，妳爲什麼病了？」

「來無音，去無聲！」

「粟米，妳爲什麼衣裙破了？」

她心寒冷，起不動顫抖的唇！

一向多愁善感的粟米淚流滿面，想著那天才和紅袖說的事：

阿母，事隔十三年，妳不要說他，我告訴妳一件事。

阿母明白妳。

遷居到這個家以後，快樂童年隨即消逝，那時候我讀小學五年級的暑假，阿母留下玉貞帶著雲集、雲厚、雅貞有事回三合院阿公那裡幾天。

第一天，一個陌生人影，酒氣薰心的，使我從睡眠中惺忪過來，不見他進入臥房，卻已脫去長褲，直撲我身上。他不准我叫，我怕叫了他會打我，只好用力彎腿、撥開、縮緊，總算沒有讓他得逞。

事後，誰料大熱天，卻把我抱進被櫥裡，把門關住。我輕輕慢慢的，推開約五公分小縫以呼吸。

第二天，我害羞得無地自容，不敢和這個「難道是他？」見面，吃飯見到面，他又裝作若無其事，誰恬不知恥？難道是硬東西羞辱我的身軀，還是身軀被硬東西記憶？

「粟米妳說話啊！」

明綠拉她的手。她決定不和明綠說這件醜事，帶著他遊山玩水。讀初中的春天，一路風景美麗，聽鳥語、流水，看蝦子遊樂；冬天，肩上掛著白布鞋，雖然紅腫的腳趾，每天爬山、涉水，但想到可穿著阿母親手作的制服，邊走路邊背國文、英文……心裡非常滿足。

粟米眉宇之間有著深深的情。

紅袖最疼愛她了，小時候，過年可以得到三塊半好看的木屐。

紅袖說：

「先塗上一層豬血，再塗上亮光漆，製作而成的。」

為了給她阿母省錢，晚上洗澡時才拿出來穿。到第二年過年，還保管得好好的，潮濕鬆動的釘子，她阿爸幫她換新，又再穿半年，以後請他再換。

他說：

木頭壞了。

這麼一下子已過去十幾個年頭。

明綠有相同的經過，對著粟米微笑，撫平她肩上的頭髮，什麼事物能再多告訴他一點，已經走去的遠方。

中午班上在用餐，她坐最後一排背書，沒有被老師發現她沒有飯吃。

午餐呢？

明綠驚訝。

眞好玩，每走半小時增加一個同伴，加入上學的行列，等到他們來到時，她和玉貞早就因爲肚子餓吃完啦。

粟米覺得好笑，心想著她阿母和她的對話：

阿母，怎麼好久沒看到妳早上起來在洗那塊布？

妳阿爸嫌我沒有……又沒有……。

不相信狐狸精有多茂盛！……

她阿母每天裁縫到深夜，她阿爸快天亮或半夜才回家。

半夜要起來幫忙她作豆腐，中午用餐時間，沒飯吃，趴下午睡不就得了。

自從紅袖告訴她一些祕密以後，爲了讓阿母和阿爸，臥房共處很短暫的時光，能夠美好，她希望阿母不要太累。

有時愛睡覺，和玉貞推磨子推出很慢的拍子，她舀起倒下的黃豆水都流乾了，粟米還在迷糊。雲集、雲厚呢？

豆腐作好，紅袖回房補足睡眠之前：

粟米，這個雞蛋給妳煎蘿蔔絲，切成四塊，阿哥大塊一點，便當包好再叫他，男生要睡飽才讀有書。

「知道。」

粟米一面剁蘿蔔絲一面回答。

「我只走三分鐘路上學，讀輸你！」

週六中午二點多鐘，豔光四射，初中二年級的粟米，與高采烈的和玉貞跑回家：

阿母，老師說：回畢業母校領成績單，妳猜我讀第幾名？

紅袖表情冷靜：

「粟米，阿母擔心妳阿爸，不管妳讀高中的註册費。」

「爲什麼？」

「昨晚阿母從狐狸精窗戶看到：室內微弱的燈光，她端來幾碗菜，在飯鍋裡溫日本酒，你阿爸一杯杯慢慢的喝，酒意快快的散發。」

「妳阿爸躺床上，她一條腿放他腹下，一隻在他胸懷撫摸，後來伸進他那裡，你阿爸側身抱住狐狸精，一手伸進她的胸脯上下游走，一會兒她發出唔！唔……的聲音。」

明綠忿忿不平：

「春色滿園關不住，一枝紅杏出牆來。」

「爲什麼沒有人勸他，不要再繼續，快馬加鞭回頭是岸？」

「是啊！社會倫常觀念越來越淡，這種行爲對下一代，當事人的影響，實在太大了！」

「妳阿母怎麼回家？」明綠忿忿不平。

「走了四十分鐘白天就靜僻的山路，哭泣回家找我起來哭訴。」

粟米願意原諒發生在自己身上的劇情，對此事卻無法改變對他的怨氣。尤其是玉貞，對此事更是咬牙切齒，直到現在。

啊！載不起鬱鬱世事，怎麼面對兒女情長。

有一天，她穿軍訓服，騎著雲集騎破的腳踏車，急急進門。

「粟米，妳下課了，來幫阿母這件襯衫領子車上去，前後、中間阿母已經作好記號，還記得怎麼作嗎？」

「知道！」

紅袖到燙板剪裁西裝褲。

粟米一口氣說完：

「阿母，我看到狐狸精，穿著藍色外套，從阿港伯商店前面走來，好像提著拜拜的物品。」

「別管她。」

紅袖無動於衷。

雅貞躲在窗戶邊往外看。

玉貞從樓上氣沖沖的下來，跑到豬舍，舀起一杓豬糞，躲在屋簷下。狐狸精正走過，她把豬屎、人屎澆在她的胸口，口中大罵：「臭……不要臉，我阿爸還和我阿母說妳的茅草，長得比我阿母漂亮。」

狐狸精嚇住，膽都爛掉，一語不發調頭就走。

事後，玉貞倆個穿好外出服提著行李：

「阿母，我和老妹搬去工廠宿舍，永遠不敢回家，阿姊妳要多照顧阿母。」

「妳們夜間部要好好讀。」

紅袖、粟米、玉貞、雅貞一起走出客廳。

明綠雙手，摸著粟米厚厚軟軟的雙手，決定要和她訂婚，有信心，愉快的：

想起六年前，領取聯招成績單時，因爲妳考上國立大學，可以爲家庭減輕負擔而互相恭喜，我拉妳到川堂，送妳一本夾住照片的詩經，問妳現在可以爬獅頭山了吧！妳背靠著牆，抬頭瞪著妳那大眼：

「好啦！好啦！你好高啊！我才到你的肩膀，我看你至少也有一八〇吧！你阿母給你吃什麼？」

「粟米，事在人爲，現在不也一樣沒煩惱，快樂點好嗎？」

「高中你寫信給幾個女生？」

「只有妳。打從第一次見妳們女生，背著書包經過噴水池。」粟米插嘴：

「放學不快回家！」

「我就覺得最叫人心動的就是妳，我們最喜歡見妳，眉頭顰顰的樣子，所以給妳取個綽號叫：黛玉。」

「這名字我不喜歡！」

「那叫公主好了！」

「你是我小學同學呀！我喜歡我的眞名，我的國文邱老師說，我的姓有天、有太陽、有田，我名有水、四面八方有草，小草也長貝。」

「又問我隨便一個字，我順口說個『草』，問我數什麼？我說『牛』」

「邱老師說，這名字好，妳一輩子要發了！我弄不清楚什麼？」

「我懂，你一輩子要把握住機會，創一番事業！」

「啊呀！生平無大志，只求當老師！以我名爲榮！」

「夾信的紅樓夢是誰買的？」

「是我！」

「那時妳害羞得不敢抬頭看我們，更使我心跳的節奏和妳相通起來，我感覺這世上，只有妳値得我王明綠來關愛。」

「記得第一次，也是最後一次到府上那天，你阿母當代言人，我兒子眞找到這樣標緻的人兒，我今兒總算開了眼界，怪不得我兒子沒看走眼！」

「眞謝謝你的美言，我對不起伯母。」

一樣的秋風飄，一樣的葉子落，一樣的燕子怎麼不能雙飛？今天在此地不一樣的心懷，留在她們心房。

粟米不知該如何回報，他阿母到鄰居挑水給她洗澡。在他家，一夜到天明，明綠火熱的心，竟然沒有以偉大、神聖的理由和粟米做夢寐以求的結合，到底該怨他還是愛恨不得！

「今天我該做個決定了。」

粟米激動，突然一陣陣雨水打落鮮花，霑濕明綠的肩頭：

「你叫我怎麼過，想你一輩子，常常到你家附近徘徊，或是一輩子都不嫁人？」

明綠眼眶紅紅：

「這完全在妳，我們的結果不是如妳所說的。」

夢將醒，粟米吶喊，我不甘心，我不甘心，兩人緩緩步下水濂洞的階梯。

「粟米，那天離開教室以後，我整天心神不寧的，不知是什麼滋味，害我失去了笑容，我無時無刻不在回想過去甜蜜的一切，妳在我心中的好印象實在太多了。人非木石，終久我們都發生眞摯的感情。如今沒有任何事情，可以打擊我們的，我們永遠不分開，我再帶妳到大屯主峰看夕陽，然後到沒有到過的六窟洗溫泉，看阿里山的神木，到奮起湖穿木屐，踩古街吃火車餅，妳答應我的要求好嗎？」

「我決定和妳馬上訂婚，就是妳肚子有了別人的孩子，我也願意善待妳們，這樣和妳表明我的心夠嗎？一切向前看，命運的創造者就是自己。若答應我的要求，請隨時到寒舍來，我特地為妳裝設電鈴，三更半夜也沒關係，我家大門永遠為妳打開。」

十二

半年後，又是一個六月學期的即將結束。

大清早，雲集帶著粟米，回久別的三合院，老家在己妹她們的辛勞後顯得花香拂袖，窗明几淨，周遭廣闊田野一齊分享喜悅。

接二連三的，屋內擠滿了粟米的鄰居、叔公、阿伯、昌貴、義妹、傳承、己妹、玉貞、雅貞、秀貞、雲集雲厚夫婦……以及麗香母子。

三合院所有出外謀生的親戚，歡聚在一起，有的吃齊粑聊天，有的忙得不可開交。大約十點鐘，門前已經規劃能行車的石子路上，鞭炮聲中駛抵庭院幾輛轎車，陳家一批人，將聘禮奉於神明祖先案前供拜。

有限、李家親戚、媒婆、一群人風風光光的迎進陳家。

兩家人融洽的聊天、用茶點。他們個個欣賞三合院前之畫，有限希望將來粟米陪伴遊畫，昌貴的大耳福相，新娘的阿母美麗大方，新娘的腳跟部飽滿不露骨……人人心花朵朵。

媒人和傳祖商討聘金，四萬六加一萬二，喜餅二百個每個多重？一百五十元、金飾三兩半…

……。

媒人提出方式。

「聘金都不收，李家自己帶回，但是要幫粟米買嫁妝；或是收下聘金，將聘金作爲購買陪嫁物，就是將伊的土塗伊的壁？」

紅袖對新女婿還可以接受，叫進房間，和化好妝的粟米一起坐，她靜靜的，聽到媒人、傳祖、紅袖他們的對話，紅袖是問一些事情，以稍微了解粟米往後的經濟生活。

「聘金是借來的、首飾的錢還沒有準備好，我阿爸說娶的日子決定了再想辦法。」

「年輕人打拼就有前途。」

紅袖聽到傳祖和媒人的談話，快速走出微笑著：

「聘金不必收，讓他們都帶回，由李家自己幫粟米買比較好。」

他們點頭表示同意，粟米奉茶上廳，面向外坐在廳堂中央，有限的阿母幫粟米掛一金、一銅的戒指。

粟米心想：連有限的手指長得是長是短，沒摸過，還要他阿母來掛戒指！

紅袖明白極力反對迷信的粟米，不願意自己把一身幸福作了退讓，連訂婚戒指還要受父母來掛，掛的時候，紅袖看到她急急掛到底時，粟米莫名其妙的神情！

大家快快樂樂忙著，午餐後，陳家根據坤書，將禮物中的福圓、閹雞……、陳家準備的衣料、風衣、短襖、皮鞋……交由李家歡歡喜喜的帶回，每個認爲，親眼看見陳家位置，是有福壽的園地。

第二天，陳家忙著往兩個家的「上家下屋」送大餅。

義妹她們老一輩的把切剩餘的大餅，藏掛在蔓葛裡。

客人異口同聲的，回去和鄰居稱讚：

傳祖的女婿壯碩壯碩的，牙齒潔白排列整齊，頭髮烏金濃密，面貌很像他們陳屋人。

下午三、四點鐘，傳祖一家人和出外謀生的提著喜餅、糖果離開老家。三合院的柚子、龍眼、綠竹，屋簷下自由飛翔的鴿子，陪伴著，日出而作，日落而息，晴耕雨讀，唯一留下來的昌貴、義妹和傳承一家人，他們繼續往溪河裝螃蟹、蝦子、蒸螃蟹、嘗醉蝦、品香茶，以上班剩下來時間，勤耕力作所餘田莊，求生活自足，精神愉悅。

傳祖一家人離開三合院回家，進門不久，左右鄰居經過家門，直稱讚為最大最好吃的餅：

「聘金多少？」

家有喜事由紅袖的聲調中聽到：

「共六萬，沒有收他的啦！阿山伯，你們進來坐啦！」

紅袖的兒女準備回工作崗位，紅袖暗示粟米，傳祖發動機車帶走一個餅，她回答：

「無所謂，吃的東西，有人吃就好，阿婆說：有得給人吃，總比沒得給人吃的好。」

女兒大了，紅袖總是聽她的意見多於自己。

送走雲集、雲厚夫婦、老妹……，粟米一直默默的坐著，時而想有限已經快三十，退伍回來多年，竟然訂婚的費用，首飾費……沒半項，一切都是借貸的；時而感覺到明綠在咆哮，她竟然欺騙他七年的感情，使他深深的煩悶、使他相思不已、使他不能和她相見訂婚，而日夜痛苦。明綠何不如陶淵明，終於覺悟，相思無意，徒然自苦，倒不如發乎情，止乎禮，不要任憑熱烈的愛自由奔放。

她洗淨脂粉，上樓換下衣裝，摘下兩個戒指放桌上，走到筒櫃，解開明綠送給她那柔美的絲綢，取出千年萬年的千足眞情，悄悄的走過廚房，來到瀅瀅井邊佇立，姆指、食指輕輕一鬆戒指急落井底，她願自己以後永遠，喚不清漩渦，追不回漣漪。

十三

明綠家電鈴突然響起，王阿母放下廚房的忙碌，向外走出探望道：

「噢！是黃先生，有事嗎？請進、請進。」

她對這突如其來的訪客，已經明白該來的終於來了。佇立良久才轉身倒茶。

「對不起，粟米昨天已訂婚，這兩件毛線衣是粟米的意思，請收下。」

兩邊陳家認爲姻緣是前世已訂，乃天作之合，王家這邊卻憐惜，明綠感情盡付無波井。

「什麼時候完婚？」

「大約三個月以後的教師節前後……。」

今晚明綠下班進門，感覺氣氛異味，家裡多了阿哥阿嫂一起用餐，茶几多了包東西。王阿母：

「今天粟米家有人來過，她昨天訂婚。」

明綠豎起大耳：

「什麼？阿母再說一遍。」

他放下呆住的飯碗，面色凝重離開餐桌。

王阿母自言自語：

「那個男的眞有福氣。」

隨即粟米給的幾百封信散落塌塌米上，怎麼會是這樣？這不會是眞的，她不是那種人，她不會騙我，她會把眞摯的感情，向他阿爸說出來。

王家人托拉不住明綠，王阿母冷冷的打了記耳光：

「還沒訂婚去過她家，訂婚了也要去？」

「那麼晚了去哪裡？」

夜深了明綠無法平靜下來，他和他阿哥說，他要去說個清楚。他聽不到阿母阻擋他的聲音，只聽到粟米琴音清雅動聽；他看不見阿哥、阿嫂的安慰，只看見粟米的影子、厚軟的手掌、烏亮的眼珠正靈活的微笑低語。

陳家村落裡，白天有唱不完的山歌，說不累的青山水流，割不完的稻穀桑葉，拔不完的落花生。

夜晚陣陣涼風拂過，奔馳的偉世牌摩托車，車聲打住尋常的寧靜，傳到粟米家門不遠處停了下來，隨即明綠來到她家門。

三更半夜的，紅袖空閨裡，清楚得很粟米她們的動靜。

粟米心有靈犀，揉揉睡不著的眼睛，走出屋簷前，明綠神態落寞，鬍鬚顯現。

粟米佇足，欲前卻又止步。

明綠想奪回自己面前瞪著眼，動人的最愛：

「妳已經愛別人了，不敢走進我身邊？」

她默默的。

「跟我走！我們到對面山坡，免得吵醒妳阿母。」

傳祖塡補阿杏閨房的空虛，正往回家的路程踏著。

粟米低落恐懼慌張：

「我進去換下睡衣。」

明綠擔心她躲避著不再出來：

「我陪著妳進去。」

明綠放下包裝紅絲巾的禮物，在粟米「八腳眠床」的左前角落，她看它半晌。

「是音樂盒？」

「嗯。」

「不必給我！」

「願在膚而爲粉，看花兒之動情。」

「給我裝甚麼？」

「裝一場歡喜徒悲傷！」

「聽甚麼？」

「聽潺潺的春泉，流過我的心靈。」

他們繞過水圳。

這時，傳祖帶著疲憊不堪的身心回來，進入主人房，鼾聲大起，紅袖怎麼揑揉也像「痲膞」一般。

明綠倆人，走上花生園山坡地，選平坦的一地，鋪好紙板，雙腳擺放「地豆」苗多餘的空間。這裡和她家遙遙在望，門前一條被粟米上下學，村人與外界互動而變白的碎石子路顯得格外清楚，周遭靜悄悄，呼吸聲音互相留在記憶裡。微風吹起，帶來陣陣豆苗香，又彷彿桂花飄香，她們靜靜的依偎著，一會兒陶醉這婉媚的情景，一會兒想把最愛融化在心坎裡……一會兒忐忑不安……。

「妳要和誰結婚？」

粟米低頭，打從心裡拒絕回答，轉身望向遠景，雙手握住他的手臂。

「訂婚法律上是無效的，我若幾年前妳到寒舍那晚，就……妳早已和我結婚。」

明綠緊靠她，她感受到熱熱的體溫，使她喘不過氣來，全身無力幾乎癱軟下來，又唇壓著她，粟米用力推開，明綠滿頭大汗，熱情、男人的魅力再次的機會，卻又無法完完全全的給她。

他哭泣了！

她們都哭泣……。

明綠瘋狂：

「我想知道妳要和誰結婚？他有錢？他？麵包實可貴，愛情價更高。哈！哈！哈……。」

「不能這樣怪我。」

「妳說啊！妳和父母說啊！婚約可以解除的，感情是不能移交的，只要妳肯開口，事情不就解決了嗎？打從第一眼見妳，就喜歡妳，期間寫了不少的信得不到回音，我明白我不能繼續打擾妳用功，一直忍耐至畢業，才第一次和妳出遊。這七年的情感，難道是一場夢！難道妳捨得？」

「捨不得又能怎麼樣，除了你，今生今世，還有誰會對我如此痴情，不可能沒有原因，我拋棄眼前的幸福不要，而拿自己的幸福去下賭注。」

「一切都是藉口！」

粟米想成全他的作主，沒有把他因爲「反對自由戀愛」而反對的原因說出給明綠明白。

「我和你結婚。」

「哈……哈……哈……。」

明綠喉嚨哽住，牽起粟米雙手，撫摸她柔柔的掌心：

「音樂盒給妳作爲紀念，但願見物思情，我已心滿意足，毛衣送給他吧！」

「尺寸是你的！」

「至少我們擁有過，好男人不一定就是我的！」

時候不早，粟米站起來，眞摯的感情，載不起村人的閒言話語，她眼眶紅紅的，不敢多看他一眼。

明綠追過來，幫眼前模糊的粟米拭淚：

「以後可以再見面嗎？我一直會在家等妳的好消息。」

她踏著沉重的腳步離去。

明綠把他阿哥吩咐的話說出：

「今天傍晚五點，我們一家人在火車站前，鳳凰冰果店等妳，不見不散。」

明綠躺顆大樹下看漸白的行雲、不知情的鳥飛。

十四

西元一九七五年，秋高氣爽的時節。

近日來紅袖爲粟米的事，少收些工作，面貌帶著喜氣，感應到室內外。

傳祖把室內外的對聯，寫得漂漂亮亮，屋簷下牆壁上弄得整潔。

走進廚房，用日語：

「這乖孩子，再兩天就是大喜的日子，還沒開口要我載她到鎮上，買些自己需要的內衣、睡衣……。」

一個月來，下班以後守在家的傳祖內心著急，對刷灶頭的紅袖說：「妳帶她去鎮上買買東西，我來刷。」

粟米提著桶子佇立井旁，井水浟浟，有如最好的妝鏡。只見井底的幾棵石頭粼粼顯露，今後，只要有這樣八分滿的一口井，就夠我快樂一輩子的念頭，像炎炎夏日涼涼的泉水湧上心頭。那口井水對她，就像水、草互生；它滋潤粟米，使她衣裙清新，使她竹籃深情，也使她蒸籠團圓。

然而今天遭遇到這情況，詩經云：匪鳶匪鶉，翰飛戾天，匪鱣匪鮪，有潛逃于淵。

唯願她阿母，用這井水，六月洗大大甜甜的李子，七月洗嫩嫩的菜豆，八月洗營養的棗子，九月洗ＱＱ的糯米，十月洗大大的土梨子、兩種柿子，十一月洗……。

紅袖走來：

「粟米，看甚麼？……。」

「怎麼嚇一跳？」

「阿母帶妳到鎮上買枕頭，和給家官、家娘她們的皮鞋。」

門前客運通車六年來，她們第一次一起坐在客運車上，粟米二個月的薪水沒交給傳祖：

「阿母，皮鞋七雙，一千三百多。枕頭二套五、六百，還剩大約五千元。」

「阿母沒半樣給妳，娶妳大嫂、二嫂妳阿爸裝作不知禮數。」

如今兒子媳婦的心裡都背叛他。

「當時一些金子全給了她們，年輕時留的，也給他們拿去當註册費、生活費。」

「沒關係，我結婚以後，阿母不要和阿爸吵架，上次被打缺角的牙齒還沒鑲，這錢給妳。」

紅袖推辭。

「阿母不必擔心，我有信心作給人疼。」

「以前做人媳婦，就要晚晚去睡，早早起。」

「是啊！阿婆說！早起三朝當一工，早起三年當一冬。」

對孝順的她，紅袖放心。

過了幾天對粟米、有限來說是黃道吉日。

陳家、李家門上披掛龍鳳彩，門柱上貼著簇新的喜聯，子子孫孫把屋內外擠得滿滿、熱熱鬧鬧的，等待新娘車的來臨。尤其是昌貴、義妹、傳祖、紅袖對這三代間第一個孫女、女兒的出嫁，更是喜上眉頭。

大家看到義妹、己妹有福氣的人，幫粟米穿上白紗禮服。這化妝美麗的新娘，似乎將帶給她們每個人幸福人生，他們平常眉宇之間深深、淺淺的皺紋全都消除。

有限的阿爸、阿母對能和這大戶人家結親家，忙得不可開交，還滿面春風。

粟米靜靜的坐在樓上，好，嫁……嫁……誰叫她生長在不敢說話的家！

義妹捧一小小、粉紅色、超級可愛八角粗布袋：

「粟米，這是阿婆給妳的嫁妝。」

「不、不、這太多了我不能拿。」

「傻孩子，快鎖進皮箱裡。」

粟米點頭。

「有急用才拿出來，妳阿爸沒路用。」

義妹裝作沒事走下樓。

「不要哭！不要哭！妝都掉了怎麼補？」

己妹輕輕幫她擦拭，怎麼作新娘在這哭？

雲集夫婦走過來，一面安慰：

「是啊！不要哭，假睫毛都掉了，怎麼辦？二十六歲才嫁，以前的人十五歲就嫁人了。」

昌貴過來：

「是啊，嫁到那山豬常常出現，打泥漿的深山裡，山陡峭到：上山堵嘴，下山堵背，晴天採茶，雨天作坡，吃蕃薯配地瓜。還要做苦工，揷秧、割稻、挑點心、作牆壁防止生番仔的土彈……。怎麼嘍！缺少什麼是嗎？」

七嘴八舌的勸說，她一句也沒聽進去。

被她阿哥、阿嫂牽下樓梯。

中間一仙白白，倆旁一大群滿面喜氣的人合照。

一會兒，門外停車聲、人聲、鞭炮霹靂叭啦，有限滿面春風的領進一群人：

「阿爸，阿母。」

有限行禮。

「好，很準時。」

由己妹牽上禮車，一群她的姊妹們圍繞後面，心情不一樣的看著新娘。

她坐在禮車上往前看到一百公尺處，阿港伯的商店前，停放一部熟識的白色偉士牌機車。

禮車開動，紅袖潑一瓢水，轉身進入客廳。

車行緩緩，明綠跨上機車前行開導，兩種車在碎石子路繼續前進著……。

粟米即將嫁往車行三、四小時的遠方。明天起，她一睜眼注目，大自然一首首，一行行的詩集拋棄她，無緣齊來奔赴，而是千年萬年，永遠永遠留在家鄉，陪伴著它年老的青山。

當然嫁去的那兒不是山村，沒有蜿蜒的小河，沒有三合院的氣質、屋簷下鴿子、不能少的雞啼；沒有讀不完時間經過的尋常人生，和採茶，打粄的客家人生。

她無法在處處山坡上聽山歌，佇立山邊，深情凝思，她千年不老，縈迴的山河；也不能赤足在新鮮的空氣中，靜靜的觀賞彩雲，在粼粼流水洗滌雙腳、抓河蜆、沖洗雪白碎花的裙子、衣褲。

粟米勉強捨棄，已經叫不回，卻印象深刻的檔案，她腦海一片複雜，眼見一片矇矓，假睫毛終於載不起凝結的鹽粉，她向新娘說聲抱歉，將它收進紅袖送的黑色提包中。

車行越來越快，已經到達北上和往鎮上的交叉口，粟米隨著車輪快速旋轉、摩擦、更熱、更響、更心焦。

有限滿心歡喜和是親戚的司機聊東聊西，似乎忘記身邊多了今生今世唯一的「哺娘」。她聽不到一字安慰，想不到半晌和有限的情景交會。

這時明綠滿頭散髮站立路口的摩拖車邊，數著幾部禮車，目送車陣遠行，漸漸的，明綠只看到黑色轎車中，白白的一個點，他騎著白白的摩托車北上，不知爲何，坐在和淡水河一樣無蓋的碧潭河邊，思索粟米那年，和她初戀情人划船，交換座位，粟米站太高，差一點翻覆的緊張和笑顏？

第三章　疼惜秋扇

一

這晚，端過新娘茶，有限和天下男人一樣撲向她，不管她心情如何，她明白作爲人妻不能抵抗。他一次一次的，快天亮了，粟米疲憊不堪，不知道有限在作什麼動作，糊裡糊塗的：

「過幾天我去看醫生，睡覺好嗎？」

有限他阿爸什麼都和他談，就是認爲孩子結婚就會變大人，自然會明白一切，男女之間的奧密是不能，也不必啓口的。

粟米隱約的聽到有限忙亂中說：

「妳太緊張不要縮緊，放輕鬆就可以……。」

期待三朝回門對粟米來說，非常的興奮，雖然她阿爸嚴厲，但是培育的恩愛，撫平傷痕的一切。

爲人子女若是不孝就不是人，人者仁也，仁者人也。歐教授說：「同事……之間，要常常互相『漏虧』（台語），才會和諧進一步。」

她深深愛著她的父母。她出嫁了，嫁雞隨雞嫁狗隨狗，不可能丟棄陳家的面皮，或有任何的變掛，她準備選定適宜時機，使大家不要孤獨他阿爸，不要常常讓他阿爸，思念他們回家。

人者仁也，沒有愛心就不是人，她也深深的從第一天起，愛著有限的父母。捨我其誰！不變的倫理、忠恕伴隨左右。

日子終於到了。

傳祖一家人、昌貴、義妹，右盼望、左盼望，看到她帶著禮物和有限進門來。

玉貞、雅貞、紅袖，穿著公主模樣，楓紅秋裝，配合陳家的「招牌」皮膚，四個美人丟下有限在客廳，傳祖和叔公、阿伯他們談話。

她走往廚房。

「……阿母，我怎麼會這樣？……。」

她沒病，因爲她老公是有限，才會這樣，眞爲難她。紅袖不會覺得意外，玉貞和雅貞覺得這事是不可思議的好笑。

玉貞走出客廳偷窺有限，會不會走到廚房，屢次以眼神暗示紅袖，紅袖說：「今晚回到再試試看，放鬆心情，不舒服幾次就可以了。那天買的避孕藥不能吃太久。」

「對呀！阿姊應該生了。」

「還沒愛他就生他的孩子？」

玉貞理直氣壯：

「不然你要生誰的孩子？」

雅貞答腔：

「這還要問？」

「三三八八今天還說這些！」紅袖一面切豬肉一面說。

「有限工作的關係，她一個人住鄉下，要忍受寂寞，婚假完畢，接著就是寒假。新的學期已經申請調往台北，生孩子的事等工作、住處安排妥善再說。」

「阿姊，陪嫁回來的阿舅他們說：聘金李家收回去，連床都沒買給妳，是怎麼一回事？」雅貞急需了解。

粟米小聲的說：

「家官有訂作好二架大笥櫃給我，不是平面的外觀，木頭很香，漆得黑禾，光亮照人，我很喜歡，這就需花不少錢。沒床沒關係，阿爸打的棉被一件墊木板上，一件蓋身上。」

這些姊妹問那麼多，紅袖深信姻緣天註定，做餅、結婚當天的費用……都是和他的哥哥借貸的，以後每月需納三百元穀會來還，所幸一大疊的聘金沒有收下，否則不知還債到何年何月！

「姊夫不是有阿哥？」

粟米走往井邊。

「兄弟共用一井水都會打架。」紅袖嘆世人不惜福、惜緣！

「假如我有兄弟，我絕對不是這樣。」玉貞貞心重視這問題。

粟米有了這個教訓，回李家之前，勸她的老妹，凡是什麼事都要未雨綢繆，以一顆善良的心對自己和別人。

二

近日來海風呼呼，窗框叩叩作響，走出門口，覺得迅雷不及掩耳，內耳塡滿細沙。

小路上的男人，個個皮膚粗糙，女人不但黑色素顯現，佈滿雀斑。

長者的呼吸道壁硬且厚。

她從未想過，既然不是海邊，又不是山村，居住的滋味。甚至傳祖、紅袖也一萬個不願意、不喜歡居住在大風起時，披頭散髮，頭顱沾滿塵，看不到海的海邊。更不是人能受的是，飛機飛航經過屋頂，分貝高得令她心律不整。

沒田沒地沒山沒園，她哪裡也不能去。

鄧麗君的曲子，何日君再來，聽到錄音帶都要燒焦了，二週的婚假使她難耐。

準備晚餐，在好小的廚房生火，不知是大灶不認識她，還是她不會燒穀殼，還是她的指令錯了無法執行，整個廚房炊煙嬝繞。

客廳傳來李阿母在聽粟米還沒有學會的閩南語收音機，賣膏藥嘶叫聲，使她感覺強迫聽噪音而天昏地暗。像被神桌山下肥沃的土壤養護長成，爬上一棵壯麗大樹的一群大螞蟻，咬到一樣。她全身又紅又熱，眼睛睜不開，臉頰上不知是淚是汗。

好不容易才幾盤菜上桌來。

飯後，有限爲了他阿母說他總是陪著粟米。他不敢、也不曾在家留過二分鐘，躲開到對面老趙的商店聊天。

幾天，粟米做完了家事，到樓上小陽台，也只能和他隔路相望，或是飯菜擺好喚他回家用餐。

夜晚，每到他在店頭聊天回家，總是像逞慾一樣，粟米不知是什麼滋味，有一回突然得到從未有擁抱的慰藉，但又隨即消逝，漸漸的她明白，婚後的女人偶而會需要甚麼！難道自古迄今，天下的女人受盡蒼茫，還離不開男人，是因爲如此！

有限打趣說：

「男人若沒有女人，人生就不必打拼。」

「也是有點荒謬！」

應該不完全都是如此……。夫妻的結合是身心的，心靈的律動，節奏是永遠契合的，感受是神聖完全的，決不是逞一時之快的。

夜晚海風休息時，她坐在陽台遙想山那一邊的家鄉，想起遠在墨爾本教華語，抱獨身主意，逍遙自在的雨竹，……甚至想到傳祖，懷抱不是紅袖而傷感！

婚假過去，緊接著是寒假，初爲人夫的有限，除了他不願在家和她聊天，不能增添她們的情感，使她感到不能適應以外，在粟米的眼裡還算挺好。

有限北上上班，每個週六準時回家報到，粟米思念有限的焦急，不習慣李家的食、住，不能形之於色，也不能告訴任何人。

她利用時間，打毛衣、勾東京線。

今天有限一進門，和桂花招呼，給包水果，夾克鼓起的直衝樓上，粟米隨後跟上。

他在胸懷裡拿出幾個，梨山新開發出產的小蘋果、臺灣加洲李：

「藏起來慢慢吃，你看，這是鄧麗君新的錄音帶。」

「好可愛的包裝，三個一盒，謝謝你。」

粟米無限感激他的心裡有她的存在，加快腳步回到廚房，繼續晚餐的工作。

下來廚房不久，有方的房間，傳來他們夫妻吵架、打架的聲音。

粟米嚇得直衝上樓梯，大人之間到底有什麼事不能解決，一定要用暴力，眞是！

樓下傳來受不了挨打侮辱的碧如：

「不必在外面和她一起，我走，你把她帶回家。」

哭訴和小摩托車的發動聲。

有方追出扭打。

白天他阿母會帶孩子。

桂花大聲罵碧如：

「每次吵架就回妳娘家，我是不會准我兒子去接妳回家！」

轉身再罵三字經的吼聲，送走幾乎在李家呆不下去的碧如。

幾天以後，有限他阿爸阿壽，到村裡包理髮，挑著一擔工具剛進門，兩個孫女，圍繞在桂花身邊遊戲，阿壽放好擔頭，和桂花閒話家常。

粟米在廚房洗大鍋，生火燒洗澡水，雖然是放假，碧如白天都回她娘家。

從客廳傳到廚房，碧如回來的聲音：

「來，跟媽媽來。」（台語）

隨後，碧如背著皮包牽著孩子，經過廚房走向臥房。

粟米微笑著和她打招呼，莫名其妙的，她卻還以白眼，並罵：

「腮㨓姿。」（台語）

如晴天霹靂，再三的思索，她未曾和碧如交往，碧如沒有任何理由拒人於千里之外……。只好轉而同情她，因爲她夫妻失合，失去情感的寄託，才會引起這並非正常人的行爲。她需要行有不得反求諸己，自動找個時間問候她、幫助她、勸她。

不久，桂花幫忙粟米，把晚飯菜擺上桌。

身子雖瘦，筋骨形的，皮膚黝黑，笑口常開，還算健康，深深愛著每個家人的阿壽，走到碧如臥房和氣的：

「碧如，帶兩個孩子出來吃飯。」

嫁過李家迄今，從未見有方在家吃過一頓晚餐。丈夫不在，食不知何味？可想而知！

不到五分鐘，碧如和孩子用完餐，回到臥房。

桂花打開僵局：

「碧如不吵架就好，粟米妳要忍耐。」

「阿母，我知道！」

粟米明白自己要逆來順受，並多做一點家事。

餐後，粟米服侍倆個老人家洗澡，他們在客廳聊天。

又是一個週末。

有限到家的聲音：

「阿爸，阿母。」

粟米趕緊從廚房走到樓梯口等著。有限一身便衣外套，和粟米一前一後步上樓梯，隨即進入臥室，關起門來。

她藏好蘋果、棗子，不一會兒在裡頭靜悄悄的，如魚得水，悠遊自然。

約過了四十分鐘，粟米像作完暖身運動，血液循環系統特別興奮，臉蛋白裡透紅，在有限眼裡，美麗動人。今生今世，吾復何求？

不一會兒他太累了，呼呼大睡。

粟米悄悄起身，在光溜溜的身上，穿上一件美麗的綠色風衣，手中捏著小小一團的內衣褲，到廚房舀水洗澡。

桂花把曾經聽到粟米，被碧如罵的聲音，全部告訴阿壽。

阿壽聽到粟米下樓梯的聲音，偷偷摸摸的，躲在廚房窗戶邊，偷窺……。

粟米一開鍋蓋子，見到鍋底冒著水泡，眞是高興萬分，她最喜歡洗熱熱大大桶的水，拿起勺子舀水，輕輕的哼著嚕啦啦……。

不料碧如從臥房出來，搶走她的杓子，舀了滿杓熱水，往粟米胸前一澆，輕聲罵道：

「還沒下蛋的母雞，妳神氣什麼！」

她嚇破膽子，哭不出來，轉身舀起阿壽一早挑回來的水缸水，一勺一勺的往膝蓋，淋了又淋，抖開風衣上還冒氣的水珠。

羞澀擔心有人從樓梯下，發現她少穿甚麼，她快速走上樓梯，轉進臥房。

有方正巧開車下班，進門的聲音中，粟米顫抖不已，換乾衣服，躺進熟睡中有限的身邊，感嘆一樣是女人，爲什麼……。

這時，樓下隱約傳來：

「你有看到嗎？」

阿壽說：

「碧如妳做人阿嫂，不要這樣，我都看到了，叫有方來評評理。」

阿壽不管他們夫妻的事，認爲床頭打床尾合。心裡有點對不起粟米的娘家，嫁來還沒滿月，對她又潑水又冷語。

和平時挑著一擔工具一樣，頭低低褲管一長一短，小小步快快的離開廚房。

幾分鐘以後，有方、碧如、吵架打人的、台語罵人的聲音，傳送到樓上：

「惜別人的老婆，信她說不信我說，罵人不夠還打人，心那麼毒……。」

「我哪裡最毒，當老師有什麼了不起，我那枝伸進妳那裡，還沒嫁就有身，連肚子都鼓起來才毒……。」

簡直不敢相信自己的耳朵，顫抖不已。女人尊嚴何在？又增添一間，忘記屋簷下戶戶皆有情！

阿壽感慨：有方不信任他的碧如，想起有限正準備結婚前，在碧如進門就推倒她，抓她頭髮，還挖她陰道，看看有沒有別人的什麼！

那麼疼惜桂花的阿壽，優異的表現，有方有沒有將他作爲模範！

碧如每天規規矩矩的上下班，下課趴下休息，她也是別人家的千金，是什麼心態，被汙穢到動手打，人格擺何地？就是我碧如做出敗壞門風的事，問題也不是這樣解決的，何況上了一天班，晚上還要起來幾次，沖奶、換尿布，薪水買奶粉，買孩子的服裝。有方的薪水自己存著，給外面的女人打保齡球、買資生堂乳液，從額頭擦到腳底，買紅、綠、藍……各式各樣，配衣裙的高跟皮鞋。

粟米推有限，撒嬌的語氣：

「我要搬到台北，天天和你在一起，這裡不適合我，不適合我……啦……。」

三

山頂飄走了一片雲，帶走了一個冬天，到了薄衫迎春的季節。

粟米安排好工作，提著擺放衣服的皮箱，在桂花的手中，接到一個小紙箱子，桂花說：

「箱子裡擺了一個大碗公，兩雙筷子兩隻湯匙和最底下一個炒菜鍋……。」

有限、粟米在阿壽和桂花的目送下，騎著速霸路機車離開李家。

車行到目的地，縱貫公路邊的小巷大街電線桿、公佈欄、紅色的房屋招租，對粟米、有限來說，特別顯著。

他們抄了又抄地址、屋況、電話。

首先來到一間平房；這平房，對住在三合院，鄉村長大的粟米來說，雖不是曲徑通幽，卻有大大的院子，綠綠的竹籬笆，風迎聲波，影移目光。

有限沒有意見，要由粟米作主。

他們繼續往屋內走，首先迎面而來的，是一股霉氣，接著是一陣陰陰的涼意，至於牆上掛些什麼，完全看不清楚。

薄薄花布，褲管大大短短，大約六十歲左右的婦人，笑著對她們說明：

「坐北朝南涼快！」

她們倆個，怎麼說也不可能，租用濕氣沉沉的，只有一間通鋪，另外一間，看似廚房，又似餐廳，又似客廳的房屋。

尤其甚者，一進門可以聞到，後面流動進來的尿騷味，地上死了幾隻好小好小的蟑螂。有限不忍心再看下去，拉著不可能要租的粟米：

「走！」

「伯母，我們再看看啦！再見。」粟米預留後路的口氣。

他們在房東阿伯、伯母的咒語：

「你哪不租，就租沒厝可住……沒福氣！」（台語）

坐上摩托車，繼續前行，找了兩個多小時，二樓、三樓、頂樓……還是平房便宜。

眼見天色已經暗了，粟米擔心紙箱子的碗破裂，有限決定的口吻：

「再回頭租剛才那間平房好嗎？」

粟米凡事都表現有信心的語氣：

「好啊！比較起來，便宜幾百元，才一千元，院子又大。屋裡整理一番以後，什麼人住的房子，就會成爲什麼人喜愛的樣貌，福人福居嘛！」

他們興奮的行往回頭路，清風拂面，車輪奔放在平房前面的小路，依稀見到屋內燈稍亮。院子、屋簷裡裡外外，男男女女穿上輕鬆的衣服，坐在長板凳、圓凳子上乘涼。從他們優閒自在的情景中，有限停下車子。

這時，笑聲中傳來高昂的音調：

「桌（租）出去嘍！」

低點音調的附和：

「剛才和你們兩個講你不信，少年郎不懂事！」（台語）其他人愛莫能助，轉頭看他們。

他們在出外一日難，在家日日好的感受下，繼續尋找……天黑，才找到公寓四樓頂樓，有限悄悄話：

「租下來再說。」

「有自來水，每間有木板床，離職校近，不必再準備什麼，就可以分租三個房間，給夜間部女生，一間五百，我們付五百就夠了。」粟米滿意的說。

粟米辛苦的打掃了幾天。

雖然有點累，她將有限、自己要回家參加小叔喜宴的衣褲燙平。

四

每天，她快樂的上班下班，和有限一樣期待有一個新的生命。

當上了二房東，她和房客相處有如姊妹，粟米以她是出外的過來人，需要家庭的溫暖，特別照顧出外人。

下班回來，抽空陪她們聊天，大件的衣褲，幫她們洗淨脫水……。淡淡的三月天，有立大喜的日子，她們幫粟米看家，她們之間就像一家人，互相勉勵、依靠著。

又到了週日，她們聽聞陽明山，巴拉卡公路風景區二子坪，橘子花盛開，靈氣逼人，乃共議古人嬉春，在最愛走路看青山、綠水的粟米帶領下，作一次探索之旅。

山中有詩，詩中有畫。

一路蔓生的草，移滿覆蓋濃霧的山谷之中，葉子茂盛極了，還有鳥兒飛站枝頭，鳴聲從遠處聽來，眞是和樂。

粟米拿出備用紙筆，輕飄的霧，迷戀的花香，永留在詩句裡：

霧

春寒四月霧迷濛，
陽金直上二子坪；
四女一男議嬉春，
直比詩人問金陵。

幽靜

鵝卵碎石鋪幽靜，
枝頭五色唱清音；
佇足美女探春色，
草山四月有深情。

濃湯

粟米巧手綠豆香，
雨棚簡陋爭先嚐；
靄靄暮色濃濃意，
願止歲月不歸返。

上山人

葉落滿徑鼻芬芳，
山水霧雨傘上響；

今年四月上山人，
明年此時在何方。

又是個美好的春假，愛日出、日落、雲海的他們，前往阿里山補度蜜月，敬仰三千年的紅檜。

「我不想睡覺，到下坡小街逛逛，回來告訴你。」

「好！我先睡。」

在水里：

綠色隧道伴水里，
半城山色半城溪；
夜幕低垂人聲響，
鄉土人兒共話題。

次日夜晚在旅館，有限驚訝！原來這三千年，高五十二公尺，直徑四點六六公尺，紅檜神木的長成，牠方圓數百公尺，沒有阻止牠自由成長的，一事一物！

「這不是和人與人相處，和處理事務一樣嗎？這不是和帶孩子，要給他自由成長的空間一樣嗎?!」

「粟米，妳爲夫妻樹作詩！」

「好！」

阿里山道夫妻樹，
雲霧看花遮塵俗；
不知猴蹤隱藏處，
獨見參天白楊木。

「換你寫塔塔加。」

「好！」

塔塔加唸加塔塔，
誰人笑妳話不搭；
有見玉山原住民，
遊客中心燒酒話。

「再為奮起湖寫詩！」

石桌轉入奮起湖，
登山鐵路老街古；
火車餅甜茶葉香，
山中歲月青春窟。

「粟米，這畫眞有價值，也為給妳的這幅，民國九年拍的神木作詩！」

民國九年巨神木，
阿里山王還翹楚；
四十五年遭擊斃，
半生塗炭避雷無。

有限若沒有特別的勤務，按時下班也到了六、七點，家教的傳遞，李家男人是從不作家事的，就像一成不變的社會規則。

搬出來以後，當然在家的習慣成了自然，女人也只好默認男人，除了上班、下班，好一點的薪俸支付家庭，差一點的自己花剩餘，再付給兩人共同的目標。

粟米和大部份已經結婚的女人一樣，墨守成規著柴、米、油、鹽、醬、醋、茶。

還算幸運的她，自己認爲有愛她的有限。

這年度明綠公職恰巧從中部北調，開學的第二週，他開始透過粟米婚前任教的學校，打聽到她調往的學校。

在辦公室裡想些她的事。

粟米不知道妳懷孕了嗎？妳嫁的是怎樣的人？他愛妳嗎？妳很愛他嗎？

然而明白這麼多又能怎麼樣？他不可能在粟米身上求得有所改變，或沒懷孕就幫他懷個新的希望，只能把一切美夢埋藏在心裡。

五

結了婚的女人，要走的路有一段是完全一樣的。

天氣漸漸炎熱的時候，一向身體健康的粟米，知道一隻種子決定了她的命運。

對明綠留給她的的形影，刻意使其全無，身心健康的迎接新的生命。

兩週來，粟米連刷牙聞到牙膏味，都吐呀吐的，把膽汁吐出來，面如紙色。還好，今天一進辦公室，接到電話：

「阿姊，我和雅貞下午到台北家裡找妳，我們要結婚了。阿母叫我買滷好的一大包鴨腳，和她煎得乾乾的，鴨胸脯肉給妳。」

「好！謝謝，我下班教一下學生要比賽的舞蹈，中午就在家。」她快樂了半天，放學她忘掉小生命帶給她的禁忌，她要去做她最喜歡的事。

她走往教舞場地途中，似乎看到小朋友左一隊右一隊，穿梭過舞台，輕盈曼妙的舞台步，看得她陶醉，不禁跳躍起來。

就在這個時候，五位教師也從各班教室放學，匆匆走到大禮堂教舞蹈。八十個小朋友，排著整齊的十排，在小隊長的指示下，正在作暖身的動作。

隨後教師分組示範動作……。

粟米爲玉貞、雅貞有自己中意的人，自己有權利選擇快樂，沒有受到傳祖的阻礙而高興，而粟米給他阿爸的衝擊，換來這同日公證結婚，也是值得的。

許久之前，就希望自己多存些錢，給她們買個禮物，今天恰好可以當面交給她們，她們不好意思的收下。

玉貞、雅貞，對她阿姊結婚，男、女那樁天經地義的事，有一份憧憬，倆個悄悄話的：說連她老公那個東西，看都沒看過……。

「那不用說，我看一定沒摸過嘍。」

「唉呀！幹嘛說這些。」

雅貞問：「阿姊，妳有了嗎？」

粟米對雅貞微笑點頭：

「妳們感情好到什麼程度了？」

她們羞澀的笑容，粟米安心，工廠那些同事七嘴八舌的，早已教會她們，平時她們領取薪金，省吃儉用的，餘額全部存起。

粟米提早告訴她們：

「我們三個共同努力，理財之道，要用錢來賺錢才來得及。」

玉貞明白意思，是說要利用已經存有的款項，結婚安定後，先貸款買房子，有第一間房屋，就有能力留住錢財，有了錢財作任何有意義的事都可以，更有可能照顧需要的人，千萬不能等到存款足夠再買。

第二天，有限、粟米早餐後，送走她們。

照原訂計畫，有限、粟米，要去陽明山步行二子坪。

肚子沒有不舒服，出發前卻發現異常的紅色，她靜臥床上，許久未見好轉，到醫院時，小生命無緣去矣！

自從流產以後，粟米對男女之事，有了一百八十度的大轉變，不管有限有多年輕，他只要薪水全數拿回家，應該就是顧家的。

她下班在家，偶而不想鉤鉤繡繡，佈置家庭，不作任何事，可是爲人妻又能怎麼辦？只好把藏在櫃子角落，紅手巾綁住的音樂盒看一看，聽一遍又一遍，無聊起來，她決定這個星期日，利用有限值班的時候，回娘家看看昌貴、義妹和紅袖、傳祖。

週六晚到達鎮上時，腦海閃過，粟米獨自走到明綠家四周；屋裡擺設依舊，燈光明亮，美麗的回憶更是燦爛，只是百尋不著明綠的影子。

想著……八十元外村到內村的包計程車，已經帶粟米回到家門。

燈光下紅袖頭髮顯得銀白交雜，老勝家機動小馬達的聲音，代替了傳祖閒話家常的慰藉：

「氣色怎麼那麼不好，有限呢？」

「氣色！還好吧！他上班。」

「幾個月了？」紅袖懷疑。

「不見了。」

粟米一臉無奈。

「沒路用，以後不要一個人回來。」

「知道，阿爸會回家嗎？」

「晚一點會回來，回不回都一樣，阿母四十歲開始守活寡。」

自從粟米出嫁以後，紅袖早已盤算好，生活費用全由傳祖支出，自己掙到的錢，多少錢財要用在那裡，多少要帶往哪兒養老。這不是她有什麼自私，而是爲她本身生涯規劃－老伴、老本、朋友、健康的身體。

她認爲身體還可以，只是怕感冒的咳嗽，每次咳到忘掉多久還在咳。至於老朋友嘛！大半輩子爲了家，不斷的付出，卻完全忽略了，往後爲了求得精神的寄託，她將以時間換取一些朋友，她的燙板邊多了「大乘妙法蓮華經」上下冊。

「阿母，這衛生衣、四角內褲……還有妳喜歡吃的繩子糖、糕仔給妳。這包給阿公、阿婆。」

粟米拿一條繩子糖給紅袖。她也喜愛吃得很。粟米吃著繩子糖，彷佛回到四十年代的童年，五十年代台北的夜市。

「快放寒假了，怎麼不等放假，就急著自己回家？要回來也不早一點，吃飯了嗎？」

「過年和他回來，這次他沒時間。我在頭份公園邊，吃什麼阿母猜猜看！」

紅袖不等她賣關子：

「炒米粉、酸菜鴨肉湯，配豬腸炒薑絲，一定有兩種。結婚了還總是愛吃一些酸酸鹹鹹！」

粟米了解她的關心，一向不管這些，什麼筍乾、蘿蔔、冷底青菜，一大碗公吃了再說。

陳屋遠房的親屬阿新，在阿港伯商店聊天，看見一輛熟識、外村來的包車，開出碎石子路，隨即跑步來敲粟米家的玻璃門，她開門：「暗疏疏來做什麼？」（客語）

紅袖繼續縫盤扣。

「叔母，粟米姊轉來看妳？」（以下客語對話）

「阿新，最近都沒去作工，整天走上走下，後生人要打拼，什麼工都好做，愛閒做不得。」紅袖向他說教。

「你阿母氣你阿爸，愛喝米酒頭，自己心臟病又醫不好，就這樣譴到半條命，吊頸來死，死到舌嬷就𢯭出來，你這滿子，還不有孝你阿爸，多多和他聊天，他就不再每天醉醺醺，酒瓶提著，走路翩來翩去，眞災過！」粟米機會教訓。

「她吊頸死跟我沒關係。」一副自在模樣。

「你看你的兄弟，個個煞猛打拼，上班打扮到斯斯文文，派派頭頭，你這個兒子如道輕重，她怎麼會死？」粟米怨聲載道。

「粟米，不必和他爭，他再不去做，要小賴皮，上家吃下家坐，他阿爸瘦夾夾中酒毒，那死畢硬忒，在哪裡他都不知道。」

粟米拿一塊米糕給他，他眞沒細意，接到米糕還不想走，她只好提高嗓子：

「還不遽遽（快快）去轉。」

傳祖最討厭阿新，每次拿他的缺點來比喻、教導孩子：

「若不快回去，等一下你阿叔回來，毋單淨罵你，還會拿大竹子麥你。」

阿新嘻皮笑臉，不知見笑：

「講那麼多，要是我，頭不知㪐落到哪去？」

他終於跑掉了：

「我以後再來。」

眞可憐，從小到外村交一些壞朋友，什麼出頭都敢作，不是玩撞球就是賭錢，或是騙年紀小的說：他有大流氓朋友，漸漸的，其他人知道要努力求上進，結婚了，只剩他一個是來討債的，以後又不知要做出什麼比天大自己都來不及後悔的事！

「都是被他阿母寵壞的。」

「阿母，他沒去搶、去強暴就不錯了！」

「天知道！」

粟米搖頭嘆氣，關起門來。

「阿母，我問妳一件奇特的事，因爲我不明白男人，這樣是不是有做了什麼事？」

「幾個月前的一個星期五，我小叔結婚，中午在鳳仙餐廳、晚上在家裡吃飯，吃過晚餐大家都睡了，睡到半夜，有限說：肚子好痛，要下樓上廁所。」

「我陪你去好嗎？」即將進入夢鄉的粟米。

「便所那麼遠啊！還要人陪。」紅袖順口說。

「不遠，差不多走一分鐘，不過很暗。他說不必，我一直等一直等，還是沒轉來，下去找找看，廁所附近到處找不到。我想：奇怪！他到底去哪兒？正失望要上樓回房時，發現廚房隔壁空房間，燈光亮著，而且有悄悄話聲音，我直覺他在裡面。」

紅袖停下工作瞪著粟米：

「妳看到什麼？」

「有限和晚餐共飲的梅香小姐，睡在床上。」

進餐時粟米發現，有限和梅香啤酒喝了不少。

她長得胖胖的，打情罵俏的很隨便，毫無氣質。一向對自己有信心的粟米根本不疑有他。就是梅香心態不正，新婚不久，又很愛粟米的有限，也不會那麼過分。再說，有限和粟米……之事，也那麼甜蜜無缺；當粟米……時，有限說：妳愛我，才會每一回都有這反應，我命交給妳我都願意。

梅香、有限之間不會有什麼秘密的。

況且梅香是桂花邀請來的，他們喝酒的情況，桂花全都明白，整個晚餐時間兩個膩在一起。餐桌收了，還繼續到桂花眠床沿坐著喝。

粟米覺得無所謂。

「後來呢？」這款貨料（客語）。

「我簡直不敢相信，他們馬上停止說話的聲音。」

「兩個被子蓋得好好的，身體靠得緊緊的。」

「我踩到他的拖鞋，很自然的拿起他的脫鞋，爬上床去，往棉被上打有限的胸部。」

因爲是在李家，而非在陳家發生這件醜事，粟米根本不敢發出聲音，以免驚動睡覺的家人。再說她萬萬沒想到，剛才，前一聲阿嫂，後一聲阿嫂的梅香，已經和有限做出平凡女人，不平凡夫人，王妃……絕對不能容忍的事。

單純到一條腸子通到底的粟米，更不知道一種米養百種人，當女人不一定不會互相傷害的，更呆得不知道，是否有勇氣考慮和有限離婚。甚至呆到衝到廚房，拿把菜刀或砍或割，或是軟性的尋求合理解決。

只顧摀住哭聲，從廚房往外通的門，快速奔向，小徑的盡頭是墓埔，墓埔的盡頭是河邊的岸上。

紅袖氣得恨不得拿起大木棒，劈向有限的背部，肩頭。粟米，這種浪蕩子，還配不食人間煙火的妳嗎？百思不解，怎麼會得一個眞戇的婿郎，沒福氣！

當時粟米不顧慮到什麼父母、老師、朋友、親人……閃過一個念頭，跳下黑深深的河裡。

有限氣喘如牛的趕到，拉住面色白青，雙手盛滿冷汗、熱淚的粟米，下跪、發誓：

「我再犯的話你才不原諒我。」

有限見粟米面色不改，堅持拋棄紅塵，可以了無牽掛，他急急的說：

「我若再犯，出去就被車撞死。」

待人和善，心腸軟得像糖漿的粟米想：雖然從有限的神情，看是給他自己下臺階，人非聖賢孰能無過。

和有限並肩，靜靜的坐在濕濕冷冷的泥地，有限說：

「我只是去躺躺而已，是阿母說：我有雙妻室命，不這樣做會離婚……。」

世上不可能有如此迷信的父母，一樣是女人應該會將心比心，待媳婦視同己出。

戶戶屋簷下的女人，若不是法律給與一點保障，不知增添多少的冤情？今天，若不是擔心，萬一粟米發生意外，他無法和陳家交代，粟米早已成了一具冤魂。

有限的品格，家教的成敗，在紅袖心中，打了折扣。

粟米不了解自己，爲什麼似乎沒有包容有限的過錯?!

寒風吹響著窗子，紅袖躺在床上，思索問題，媒人嘴胡累累，媒人的身影浮現在眼前：媒人撮合姻緣是積德，有限竟會是這種人！

粟米心裡更是矛盾，看阿母的眼神，原諒他，是錯誤嗎？可是他是粟米的丈夫：不原諒他嗎？因爲他是新婚丈夫。來得及嗎？來不及了，傳祖一定不答應我和有限分開……。

夜裡二點過三點，粟米還不知，梅香和有限那天晚上，對她造成欺人已甚的嚴重性，只是眼淚崩潰而出，爲什麼？因爲她背不起離婚，帶給昌貴，義妹，傳祖，紅袖……的難堪，她承受不了，吃掉的喜餅，給傳祖帶來的困擾。離婚兩字，她想都不敢想。

只知姻緣天註定，但是她無能力，完全清除，已經記憶的事實。

熟悉的、親切的雞啼，此起彼落，紅袖走進粟米房間，這時淚痕早已泡腫了她的眼鼻。

「多保重自己的身體。」

「我來煮飯。」

粟米加件外套，走入廚房，不再思索往事。

空氣新鮮的花香小徑，傳祖回憶昨晚四色牌，和狐狸精懷裡的情景，倒在她身上的溫馨，完全沒想到，聽聽有情的大地，他所作所爲的價值，也沒想到生活中沒有賭，沒有野花會怎麼樣？總是被大男人主義所驅使，認爲偉大的男人，都是三妻四妾的，這樣算得了什麼！懂得生活得快樂的男人，都是天天在牌桌上交朋友的。

當他走進家門，又恢復以往的嚴肅，幾乎忘掉了，粟米難得回娘家，互相噓寒問暖。吃過早餐，粟米到菜園走走，冷冷靜靜的早晨，使她輕鬆，她摘下一些九層塔，到井邊尋思，取不上來，千眞萬確之千足眞情，又洗洗生薑，中午爲她阿爸、阿母煮薑絲河蜆湯。

紅袖幫村婦趕過年的外套，忙得不可開交。

粟米和未嫁前一樣，總是爲紅袖著想，到雞舍旁邊倉庫裡，把放置了一年的蒸籠給搬下來，裡面擺了粽葉、粽繩。蜘蛛網，灰塵清一清，忙了半天總算把粽葉捆好。

在客廳的窗戶下，紅袖作衣服看得見的井邊，悉悉刷刷。蒸籠一會兒乾乾淨淨，等待紅袖蒸年糕：

「阿母，我吃過午餐，回三合院看阿公，阿婆。就直接到台北嘍！」

「阿爸現在就載妳去，在阿叔那吃午餐。」

傳祖放下手中的報紙。

「那誰帶我到外村坐車回台北？」

「妳傳承阿叔不是嗎？」

傍晚，在一天只開二班的客運車上，她爲昌貴和義妹、故鄉寫下了詩句：

念

山折路轉仲穎堂，
溪綠水青彩雲妝，
九九耆老夫子道，
神桌閻里常芬芳。

憶

穎堂情意濃，
圍爐去寒冬，
鼠隨寒影逝，
新牛將春耕。

寫著寫著，似乎聽見屋簷下、院子裡山歌連連。

六

載粟米離開後不久，傳祖進門來坐客廳看報。難得一個他在家的週日，紅袖思考，將粟米的事怪怨他。

紅袖知道那麼多粟米的怨懟，又不能做出什麼主張！就是告訴傳祖，他會把責任推到粟米身上。

紅袖記得，傳祖平常告訴粟米她們姊妹：要敬愛丈夫，罵，給他罵，打，跑給他追，不能有任何一點抗告的聲音。

十九歲嫁他迄今，已經三十年的相處，起初恩恩愛愛，沒有一句怨言的工作，漸漸的他變了，紅袖明白，他以自我爲中心的脾氣，她忍氣吞聲的讓著他。

搬出三合院以後，飯煮得不夠Q，一坐上飯桌，一鍋飯隨即飛散在飯桌和榻榻米上。

紅袖到底爲誰而活！自己的，別人的生命的意義是什麼，她從未去察覺。

她還是打消告訴他的念頭。

她不重不輕的，踩著默契絕佳的，勝家小馬達，又一位阿婆進來領衣服，勤奮的紅袖，滿面笑容，摺疊起長褲給她，暫時拋開心中的糾結。

隨著三合院，新牛將春耕，山歌曲終點站，來到繁華熟悉的街道，兩旁街道林立，粟米佇足辦嫁妝、蚊帳、打棉被、賣枕頭、皮鞋、油行、雜貨、珠寶首飾店……好不容易，從一家一家的商店前離開，她並非需要買什麼，不外想聽聽老闆和顧客，親切如她家人的口音，嗅覺眞正有家鄉味兒的風俗、民情與空氣中，人們身體發出的氣味。

不知不覺，時間不早，她才走到明綠家後面遠望，沒有看見正在前門外，準備北上的明綠，只見屋舍三面，扶桑花、矮籬笆依舊，素絲素絲的榻榻米上燈光明亮。

他們在不同的火車箱裡，看著漸漸遠離，歐老師的詩句：

人生曲曲彎彎水，
世事重重疊疊山，
古古今今世非轉，
貧貧富富循環變。

過幾天明綠出國洽公，臨行前很想向粟米辭行。

自從她婚後就再也沒有見到她，今天他提早五分鐘，離開辦公室，來到粟米學生放學的路隊後方。

粟米經過校門前的街道，回到租住處，把有限的上衣、長褲、手巾搬出來一件一件的燙。

明綠已經到了她家的樓下，一樓的鄰居先生問：

「先生，你找誰？」

「我找四樓的。」

「是找先生，還是太太？」

明綠楞住。

「老師在，她先生都較晚才回來。假使有回來他的摩托車，都放那裡。」鄰居指向巷子的對面。

明綠一定要見到她，他無福照顧她，爲她作任何事，這次他將出遠處，不知她願意和他見面嗎？

「我找李先生……嗯……還是……拜託你給我，他的電話可以嗎？」

「你按對講機給他太太。」

粟米燙著手巾。鈴……鈴……響起，她拉下燙斗插頭……

「誰呀？」

「粟米，是……。」

當他叫粟米二字時，她確定是明綠的音色，她掛回對講機，繼續摺疊衣物。

她是有限的人，都準備要生孩子了，不要迷糊，心中不要雜念，雜念會像浪潮捲起，破壞所有的航行。

音樂電鈴聲起，帶進來下班的有限。粟米提著他的拖鞋，笑容裡埋藏著一份自責。

有限很滿意這位秀外慧中，值得信任的美嬌妻。而自己準時上下班，認眞的服內勤，給自己打了個滿不滿意的分數?!自己不曾想過！

晚餐後。

唯一不足的，就是急急盼望新生命的訊息快快來到，而她偏偏每個晚上東摸摸西摸摸，改作文簿、看書、寫東寫西，不管有限……就是晚晚不上床來。

粟米想到林校長上課，穿插笑話說：懂得監控自己，知道別人需要什麼，就不會離婚。

夜校的女生下課回來：

「老師，怎麼那麼晚？」

等到全家都就寢，有限已經睡醒一覺，看著她梳頭，擦資生堂乳液，又胡裡胡塗睡著的樣子。當粟米一坐上床鋪，他的身體立刻像觸電一樣，粟米伸手摸摸看，他的確有了明顯的反應。

七

出外打拼的年輕人，過年過節回家團圓、拜拜是千古不變的盼望和習俗。

中秋節，有限回家迄今，忙得無法多回幾趟，是阿壽、桂花能夠諒解的。

他們倆個，雖然有個目標，要存款買房子，但是對於自己應該負擔的三百元穀會，按月繳交；自己再缺少，也少不了給桂花。桂花總是左等右等，終於他們騎著摩托車進門，桂花笑得合不攏嘴，因爲等到的是現金，她就可以馬上拿到對街，買節慶的貨物，像是黑松沙士兩打，拜拜的龍眼、糖果幾包、金銀紙、砂糖、黑糖……。

說實在的，有的爲人子女給的，是一年一個金戒指。桂花手上已經帶了三四個，多了又不能拿去賣，只是叫她存著。她有一天老了，要還給年輕的。有時「撿骨」的時候，還要還給送戒指的人。

阿壽在村莊包理髮，賺的都是穀子，穀子要留著當伙食，桂花不是最缺現金嗎？桂花常常一見面，就和粟米說：

「我兒子養那麼大給妳作老公，妳一定要疼他。」

「阿母，我明白！」天下的人，應該時時懷著感恩的心。

阿壽今天可辛苦了，擔子挑著，家家戶戶大人小孩頭兒，都要理個乾淨，專心的、動作熟練的，一家又一家，提前完工快樂的、褲管捲起一長一短的，挑著工具擔子進門來，又用小跑步再回去莊裡，扛回重重的穀包。

有限和粟米看不出，總是微笑的阿壽，心裡有沒有隱瞞著什麼苦楚。

至於錢財嘛！粟米認為，它是身外之物，平時夠用就好，有急用時拿得出來就好，多給老人家一點方便，只不過是自己存款數字矮一點而已。

有限是客家人，阿壽，桂花都和粟米說客家話，和有限一家人，卻一律用閩南語：

粟米把有限悄悄，拉坐在沙發上問道：

「為什麼不說自己的話？」

「十多年以前，我們才搬到這個村莊，剛來時，全村的居民看不起唯一一家的客家人，所以我們改用閩南語。」

「怪不得，講得比什麼話都流利！」粟米驚訝長聲。

「其實是你們自己認爲而已，是自己看不起自己，完全是自卑感的作祟。客家人有什麼丟臉？我覺得和山胞一樣使人另眼相看，和閩南人一樣有魄力，和苗族一樣天性歡樂；我在學校、在台北、在任何一個場合，都以自己是客家人爲榮，客家人獨具的優點太多太多了：勤勞、節流、吃苦耐勞、有人情味、有骨氣、世界公認優秀的民族……。眞慶幸我是客家人，都來不及，怎麼會有你這種客家人！」

粟米不解，生氣。

有限不作聲，微笑。

晚餐時有方、有限、有立三房獨缺有方夫妻，不一會兒，在房裡傳出吵架的聲音：

「妳爲什麼不煮飯？除了上班教書像瘸腳，早餐也要阿母煮給妳吃。」

碧如不甘示弱：

「總是叫我煎豬油，還說青菜要四腳的跑才好吃，吃那麼多豬油對身體不好。」

粟米驚訝恐慌。

「不要管他們，經常這樣，等一下就好了。粟米明天陪妳阿爸到街上看醫生。」桂花交代工作。

「阿爸怎麼了？」有限問。

「老毛病，骨頭酸痛而已。」

晚上，有限、粟米躺在床上。

「剛才說關於客家人的事對不起。」

「沒關係。家裡的經濟大權，操之在阿母的手中，阿母再交給有方，到了有方的手中，就有進無出，總是吃不到一盤青菜一條魚，我也很抱歉。」

「我沒關係，反正我從小吃很多溪河的魚蝦，已經長得一口美齒，身體又好好的。可憐的是住家裡的阿爸、阿母、阿嫂每餐要在家吃。」

有限當然知道他阿嫂，中午回娘家用餐，晚餐也吃完再回家的原因。

粟米感受到日據時代，大部份人民沒有受基本教育，又缺乏知識資訊，完全只知「生存」未知「生活」。

她阿爸，作了不速之客那一回，桂花匆忙跑到對面，買包新上市的王子麵給他當午餐！她感慨的語氣：

「阿母好幾次我們回家，她拿里脊肉叫我剁碎，她用開水一沖，就端給阿爸補營養。豬肉是不能生吃的，牛肉沒熟透還可以。爲了阿爸的健康，你幫我告訴阿母好嗎？」

「好！」

第二天，家人忙著拖拖掃掃，碧如照顧孫子。

粟米和阿壽坐上客運，她趁機拿幾百元給阿壽。好讓他去理頭時，喝他愛喝，認爲降火氣的黑松沙士，或是不必理髮時，到街上吃吃麵，切些肝緣肉，才不會堪毋去。

粟米擔心阿壽的病情，醫生說：

「有二種可能，第一，身體某個脊椎受傷過，第二，長了壞東西。」

走在醫院外的走廊上。

阿壽不可能長什麼壞東西，他筋骨好得很，想那麼多幹嘛！

阿壽最愛坐點心店了，她們來到都是年貨的街道。經過麵店，阿壽一直看櫥櫃的麵。粟米約他吃，他高興的坐下來，捲起褲管，一隻腳放在長板凳上，一隻腳放在地上。看他自由自在，無拘無束，覺得這老人，眞天眞慈祥。他們說著吃著，坐到下午快二點才回家。

在車上，粟米想起還沒離開李家時，有一次到中山堂，看林懷民舞展，有一次聽音樂演奏會，很晚沒有回到家。

阿壽在客廳等著幫她開門，坐在椅子上等呀等的，睡著了，乾脆拿件棉被倒在沙發上等。而粟米回到鎭上時，早已料到阿壽會幫她開門，也許是感謝他，也許是發自愛心的緣故，她帶些吃的、喝的給他，看著他吃得飽飽，才回房睡覺。

直到今天，有機會陪他出門，眞是難得。

不知不覺，客運車載回打瞌睡的阿壽，滿腦袋事情的粟米，和一群辦年貨，買新衣的人。

除夕夜的李家，只是玩玩撲克牌而已，這點讓爲人妯娌者敬佩。

快十二點了，有限和阿壽在聊天，粟米愛睏得很，倒在床上。

隔房傳來阿壽的聲音：

「剛才碧如又回娘家去了，女人嘛，都一樣，男人要疼愛自己的太太，哪個洞都一樣！你看你大哥，公婆一天到晚冤家，碧如拿了十幾張驗傷單去告，碧如沒有請律師，村莊裡的人，都明白這場官司誰會贏，只是不說出口而已！到時候是判離婚，就死沒命，阿爸毋盼得，辛辛苦苦討來，這個教書的媳婦，就要走了……。」

碧如的遭遇浮現著，粟米心中起了恐懼，趕走了睡意，到底有限能作怎麼樣的丈夫？這個男人嘛，人生就像演戲一樣，說句公道話，當然會有相敬如賓，舉案齊眉的夫妻，但也很多老一輩的，娶個三妻四妾還不足；這一輩的娶了老婆，也是共款，還在外面拈花惹草，假借應酬，到處玩味不足，卻不准老婆「討客兄」，只准自己把外面，乾柴烈火的情景，搬回來和老婆講。

粟米，想起因老公外遇，而離婚的隔壁班老師，坐在花壇上和粟米說的笑話：

「我們這學年的女老師，都是殘兵敗將。」

粟米不解：

「爲甚麼？」

「不是嗎？妳從一班開始清查，老公嗜愛應酬的嗜愛應酬，死老公的死老公，離婚的離婚，老夫少妻的老夫少妻，年紀輕輕老公中風的中風，包皮很長藏污納垢的藏污納垢，生了五個女兒的多了一個兒子，得乳癌的得乳癌，子宮拿掉的子宮拿掉……共十九班，本來就陰盛陽衰局面，僵持有年，扣除四個女人的最愛，還剩幾個健全？」

「甚麼女人最愛？」

粟米一副無可奈何的樣子：

「就―是―男―人。可以保護妳！」

「妳！好了沒？就是妳啦！笑死我了。眞虧妳細心觀察！」

「粟米，碧雪還說她老公，又愛又快又不好，煩死了。」

「叫碧雪要他老公多跑步，兩肢健康第……就健康。」

「哪有那麼簡單！事情還多呢！」

「唉呀！像我老公，丟下一個兒子給我，和年輕的去澳洲。偏偏孩子不爭氣，長到十八歲沒有駕照，恐嚇的語氣要買摩托車，不買我就不去補習。後來又去美國讀語言學校不順利，回家一趟又再去維也納，我的皮快被剝去。」

對自己有信心樂觀的粟米，自己越想越好笑，可是覺得不知道的事，應同情的人實在很多，卻不知自己處於何方！

「將來我的孩子，要在臺灣打好基礎，自己賺夠學費，才可以到國外。」

「上學期孩子租汽車差點撞死人，爲了不想當兵，故意發神經病，開瓦斯自殺，增胖……。不長進，同房過的女朋友都跑到美國，繼續深造，學得一計之長回國，他還每天賴在家裡，用錢用得我要用小房子貸款生活。」

粟米她心裡找到個定位點：女人像廟堂的樑柱一般，長期受香煙薰陶，聽聞人間共同生活的訊息，不斷的儲存，不厭棄的記憶，在如白駒過隙的人生尋找佈施冀望的方向、盡快的行動、給予歷經蒼茫的女人，有所期待。

八

粟米月信過十天，她了解自己的身體，確定是有了，她故意不讓有限知道，有限又勢必像上回一樣，呆到夜夜同眠，每天吃酸梅、鳳梨，竟然一無所知。

他進來了，動作粗魯得很，粟米怪他，伸手推他，他理直氣壯的：「怎麼了？」

她側過身子，他也急急貼了過來……。

粟米閃過一個念頭：

「年初一就回娘家，初二帶我爬山好嗎？」

「老一輩的都說：初一回娘家，娘家會越來越窮。」

「枉費你讀聖賢書！」

「好，只怕妳累。」

「我累！我啊，手勁贏不了你，腳勁可是和你沒完沒了。」

「很是，很是，比我強遠了。」有限開朗的。

「因爲我是山精的腳，你是海獸仔的手！」粟米笑起來。

「奇怪！我們說：海精，山獸仔。」有限用客家話。

「你不覺得，你這麼稱呼不通順，很奇怪嗎？」

有限點頭，思索剛才的情境，粟米不禁深深思念起遠方的故鄉。

九

大地春回，每個家庭無分貴賤貧富，個個喜氣洋洋，村村屋屋瀰漫著過年的氣息。

陳家分別到農業已經漸漸轉型的各界服務，回家過年的菁英，相聚在一起。

大年初一清早，到處爆竹連連，紅袖把自己認爲最滿意的東西準備齊全。雲集、雲厚夫婦小孩，有限、粟米，雅貞、玉貞夫婦，和紅袖一起回三合院。

各房的牲禮陳設在祖堂上拜祖。

昌貴的五個兒子、媳婦、孫媳婦、曾孫子女……大大小小一堆一堆的，共話天倫和家常，相互安慰，鼓勵，祝福……又交換一年來的得失，一家親情緊緊的繫在一起。

中午，昌貴、義妹帶著一家人，他們打開陳年酒，新釀的酒甕，搬出來嘗嘗看。

甜粄煎得軟軟的，捲進新醃起來，炒香的酸菜。發粄，油追仔，米程……。

紅袖、己妹、昌貴的孫媳婦……在「籮葛」裡拿出三十暗晡拜過的雞臂、頭牲肉……來剁。

一家大小盡情的享用。

一年過了，再到頭來，說實在，每個人終年都似乎忙不過來。過年，應是大地之子，忙裡偷閒的好時機。

他們每個人心中充滿喜悅。

午餐後，紅袖牽著兩個孫子，沿著久久才走過一回，年底剛鋪設的柏油路，到早已熱鬧的廟堂求福。

每個走進廟堂，拿起香跪拜，口中唸唸有詞：

富貴愛情不間繁。
煙香忽左又忽右，
善男信女許上籤。
觀音菩薩龍上簷，

「觀音菩薩，我向您求福，保佑住在一百六十一號，黃紅袖身體健康。住同村的我阿母，活得自在。我老弟事業順利。住在台北的二子一女，夫妻百年好合，子健康孫好帶，事業輝煌。玉貞、雅貞、粟米，早生貴子，夫妻恩愛。若能如所願，將殺大閹雞、打金牌，前來還福。」

紅袖在廟坪，和提著竹火熜的阿里伯他們閒話家常。

離開三合院以後，有限夫婦領著雲集、雲厚、玉貞、雅貞夫婦往獅頭山。

春到人間，山花遍野，紅綠叢中點綴著前往山頂，郊遊、燒香祈福的紅男綠女。

一路上是喜愛的山深林密，豐草蒙茸：

「妳們看，滴滴滴……的泉水。」

「阿姊，我們喝喝看！順便帶幾罐給阿母」

「哇！今天能喝山泉石滴落的冰水，一小口即透心涼。

「這麼甜！」

雲厚夫婦點頭：

「這使我想起，小時候上學的路途中，用月桃花的葉子，喝泉水的情景。」

「那個時候到處有泉水，到處的泉水都止渴，現在的礦泉水那裡比得上它！」粟米邊喝邊說。

「累不累？」正龍問玉貞。

「小意思，以前的人都快生產了，還挑一重擔頭往山背走，我太輕鬆了。」夫家是大耕大種的玉貞說。

「何止挑重擔，我家娘還早上去工作，肚子疼起才趕快回家，沒想到一到家，孩子就下來了，還自己「短臍」呢！」雅貞讚美她的老人家。

他們六個，踏著一階一階的石階，走到熱起來時，時有春風帶來涼意，迎合著他們；走著走著，兄妹妯娌之間，情誼隨著石階，步步升高。夫妻攀肩搭背，面容露出了陶醉美景的嫵媚，笑容更加動人。

「來，石椅上歇一會吧！」有限提議。

大伙兒放眼所見爬過的山下，叢叢草木，小屋數椽，美不勝收。

粟米想：明綠是否料到今年她會來爬山，或是他在家和他的兄嫂玩牌，還是有了新的情人……。

「你在想什麼？」有限問。

「沒什麼！」她難為情。

「走了，走了，看看晚上住哪裡較好。」

這個時候，傳阻在廚房興高采烈，玩四色牌，百元百元的大鈔，從他左胸前口袋裡拿進飛出。三教九流，眼光銳利，犬齒皓兮。

獅頭山上，面對這大片原野風貌尚在，純樸善良民情風俗存留，草香拂袖，鳥聲娛人的山川景物，粟米她們的形體得到了寄託，心靈得到了回鄉。

當她們經過廟堂……之際，一樣好山，已經都市化的人們，互相微微的一笑。勸化堂對面的客棧主人，親和的，輕呼母語道：「小阿姊也……，慢……慢的，走……。」

單單這句叮囑，就足夠叫粟米她們，幾乎全身軟化下來，她愛死了這山莊原貌。她感覺到：沒有噪音，汽車油味，車水馬龍……來奪去了大自然噓寒問暖的靈感，眞好！

一〇

獅頭山的夜晚顯得隔外寂靜。

寺鐘鳴五鼓，晨雞報春曉，早睡早起的有限坐起，看著以往假日酷愛晚起的粟米，睡意猶濃，有如海棠春睡，春意盎然，忍不住……。

「別這麼樣！睡了一個晚上還不夠嗎？快起來，莫辜負好不容易等到的時光。」粟米推他。

她們走進菩提樹，雜草叢生的原野，不約而同的，猛然吸冷清的空氣。

「深愛大自然就要接近它，保護它。」雲集感動的說。

大自然的萬物，如同父母的恩澤，披掛在身心，永不消失。不免想起《詩經》：葛之覃兮，施于中谷，維葉莫莫，是刈是濩，爲絺爲綌，服之無斁。

「姊夫，誰有香港腳的，來踩踩地！」雅貞大聲叫。

雅貞的老公馮吉，玉貞老公正龍，一個當課長，一個當工程師。在警界服務的雲集，雲厚，有限，想起服兵役帶回的禮物，不禁莞爾。

她們赤裸裸的腳踩著，雲厚夫婦道：

「沒有一片刺出血的玻璃片。」

沒人料到以後有沒有一個礙腳底的塑膠袋、垃圾，更不見一點鋁、鐵。

那時玉貞、雅貞說：

「平常我很少用這些東西，用後也捨不得丟棄。」

正龍盼望的語氣指者青草：

「這些廢料不來堵住黃土的呼吸，五年，十年，十五年……以後。它培養出來的土石，樹林，讓有福氣、萬物的後代，和我們一樣吸取能清心肺的空氣。」

粟米認了認石階兩旁的草兒，心想：青草讓她們欣賞、撫摸。

雲厚說：

「這些鳳尾草、茅草根，煮水，服了百病消散。」

粟米心想：夏天愛吃冰，愛吃甜的那次，肚子時好時壞，她阿母把豬欄上的鳳尾草乾，拿來煮水加黑糖，喝了馬上有效。

想時遲，來時快，明綠和他的同學，從峨眉山背那邊爬到山前，兩群人擦身而過。

粟米，明綠，同時回頭佇足。

粟米心驚，想問：你什麼時候來？

從明綠的眼神中，他想在兄妹群中拉粟米。他們都慢慢的往反方向行走，隊伍中走在最後。

明綠，想知道他的丈夫對她好嗎？他沒有要破壞她婚姻的意思。

當粟米轉頭再看明綠一眼，明綠一行人已回頭走來。

粟米震撼，他怎麼可以這麼樣！

「後面是誰，好像有點面善。」有限覺得，她轉來轉去，停止腳步和素貞並排而行。

「是同一所高中的同學。」

「都是嗎？」

「嗯。」

玉貞聽到粟米的對話，大聲說：

「姊夫，我們幾個到廟堂拜拜，阿姊遇上熟人。」

「這位是我老公，他姓李。這位是王先生和他的同班同學。」

「你們聊。」有限大大方的招呼後，混入人群中。

明綠三個同學退後到山茶樹下，眼睛注意到有限的行縱。他們心裡早已相互知道，高中時期，他們都給粟米寫了不少信，但如石沈大海，志同道合的，拱手將粟米讓給明綠。志在必得的明綠，說實在，今天眞沒面子，他們三個準備結婚了。自己卻還糊塗在：粟米結婚了，新郎不是我的漩渦裡。

「你來幹嘛！」

「既然不是有他的孩子，為什麼急著訂婚，又急著結婚？」

明綠對眼前這位，更白皙透紅，秀髮更烏黑得發亮的粟米，悟出了一些道理：原來，粟米很愛李；愛情的滋潤是神聖的，偉大的。

原來這個責任是他的，只要是能使她快樂的，他願意每天為她做任何事，明綠說：

「假如我要你離開他？我已經知道妳的事！」

「知道什麼？」粟米驚訝。

「昨天下午我見過妳阿母，從韓國帶回來的皮包，在妳阿母那，希望你喜歡。」

「以後出去，用不著幫我買東西，我阿母說了些什麼？」

「說……她女婿，現在改善了……我已明白。」

「別憨了，我不可能，我過得很好。」粟米對有限持有：寧人負我，我勿負人，拒絕這生生世世的癡情。

「如果他願意？」

「都快三十了，應該這樣處理事情嗎？還不快娶！」

「如果我使他願意？」

「瘋了，我有孩子了，我去找我阿妹她們，再見。」

明綠正伸手拉回她時，有限一群人正從廟堂步出，粟米奔向他們。

無聲勝有聲的暗示明綠：已經是別人的，他不得不相信。

明綠四人站茶樹下。

「妳們怎麼去拜那麼久？」粟米牽著有限。

「東看西看，後面走走，妳們聊些什麼？」

「沒什麼，還不是那些事情，譬如說，誰哪兒高就，誰出國，誰最近要結婚……。」

十一

元宵節過去，又是一個新學期。

「起立，敬禮，坐下。」

這節是數學課，粟米讓學生學習去買布，買鉛筆，買橘子，買木屐，布鞋……學生把商品畫好，自己訂假錢，粟米每個發五十元假錢，讓學生自己去買賣，找錢找對了，得到一個笑臉。

下課鐘聲噹，噹，噹……，她坐在花壇邊，鄰居的孩子圍了過來，露出欣喜的笑容，她摸摸學生的頭兒：

「你乖，你進步了。」

「我阿爸說：我笨，算術以前考三十幾，現在我不怕了。」

「我也是，現在我很喜歡上學。」

「筱青，妳跟老師到辦公室來。」

「知道。」

她們坐在辦公室最角落的座位。

「妳喜歡上學嗎？」

「嗯！我好喜歡。」

「筱青，妳每天吃過了早餐才上學嗎？」

「老師，我有，是阿爸煮的稀飯。」

「老師知道。妳身上有味兒妳知道嗎？」

「知道，他們說我很臭。」

「是啊！小孩子因為身體還小，每個人的身體狀況不同，不小心是會尿床的，不是你故意的呀！」

「老師，那妳小時候會不會尿床？」

「當然嘍！」她們四眼交會。

「以後再有不小心的話，記得洗一洗，換一件乾淨的褲子才來上學，這三件褲子給妳，放學來這兒拿，放進書包。」粟米指著抽屜。

「知道，謝謝老師。」

筱青眼眶紅紅的，帶著悲喜交集的心情離去。

有限離開辦公室，摩托車飛快回家。粟米下班在黃昏市場買來餃皮，高麗菜……一進門開起輕音樂，在音樂中忙著包水餃。

晚餐中。

「今天早上我很失禮，很難過。」

「怎麼啦！」

「學生要轉學了，我捨不得，偷偷的跑到辦公室哭了起來，三、四個年齡大的老師盯著我指責：傻孩子，養了二十多年的女兒都要嫁，她只不過要轉學而已！妳教書的路途還遠得很，將來教畢業班怎麼辦？」

「可是我情緒還是一樣，不能平靜下來。」

「要當老師就要接受轉學，休學，意外……的事實，不要給學生太大的壓力，快樂的教學更重要。」

「其實，休學可以使它避免發生；意外的發生也是大家的責任。」

稍晚，有限聽新聞，粟米坐沙發，桌上擺放一大疊作業簿，她把學生用完的作業簿訂在一起。

「一段時間以後，他們應該會悟出，保留已研讀過資料的必要。」

「最好讓他們自己覺得需要這麼做。」

「要讓學生學會保存自己的東西。」

「爲什麼那麼辛苦？」

十二

第二天，粟米聽說她外婆，阿燕身體不舒服，想到從小幫粟米「短觸」洗尿布……的情景，她難忍回鄉的行動。

粟米進門之前，看出來一個不是良家婦女，正好離去。

八十多歲的阿燕，年輕的時候是美人胚，老了也是頭髮梳理得整齊光亮，端端莊莊，可是老公病逝的早，孤孤單單的，半輩子和獨子阿舜住在一起，幫阿舜帶大兩個孩子，孩子長大各自獨立，做生意。

粟米一進門寒暄一陣，問道：

「外婆，小的兩個怎麼不在？做什麼大生意，幾臺傳眞機放著不用?!」

「一天被關在牢房裡，一天放出來帶著老婆，東躲西藏的，繼續做這不三不四大家樂組頭。」

阿燕啞啞訴說。

「那！還一個兒子呢，怎麼沒有見過？」

「跑到新竹海邊，買一大箱二十元的大陸魚，到台灣做生意。」

阿舜，三十出頭的時候，老婆「討客兄」被鄰居指指點點，這客兄是鄰居有山有田的大富翁黃阿雄。阿舜和這豬哥鄰居，打官司，對方輸掉一大片江山。他阿舅的「晡娘」丟棄兩個好小的孩子，離婚了。

粟米總是很捨不得她外婆，終日操勞。年輕到老，孤單一人，把兒孫養到大，如今，老了還要煮飯給阿舜吃，不知要煮到何年何日呢？

「阿舅，你怎麼不再娶個『晡娘』回來幫你煮飯……。」

「啊！妳是知道的。」

阿舜要到有一份神秘的山上，粟米跟著去。

她在阿舜種的絲瓜藤裡，山頂翻到山腳，被蚊子叮到半死，不知能找到幾條絲瓜！

男人嘛！離婚以後，想再娶，談何容易呦！喜歡你，不喜歡你的孩子；你和你的孩子都可以，男人卻和前妻「溝溝滴」或是女人回家偷以前的老公，給新人臉色看。

阿舜，東奔西跑的，買一塊一甲一萬元的地，孤孤單單的一枝鋤頭，每天鬪呀鋤呀！鬪一塊山園種橘子，把希望，情感，寄託在過年前，產業道路上載滿金橘色，一車一車，大大甜甜有水分的橘子。

誰料，老天不下雨，橘子園終年見不到一滴泉水，橘子結得比小皮球小很多，吃起來像甚麼一樣硬。當然沒有人要吃，只等雲厚弟妹他們，過年時幫他帶走一點，免得小鐵皮屋，沒有空位子。

有時候雨水充足，卻飛來一群蟲，不知是何方惡種。

遠遠望見，整個白煙瀰漫中有一個阿舜，背著一個長方形的筒，拿著一枝防毒鐵管，像視覺障礙者，在探勘懸崖上的路，卻會噴出連續的農藥霧氣。

難怪阿舜感嘆：農藥越噴越多蟲，農藥空罐子堆放在橘子樹下，過了一段時間，空瓶中，竟然生滿了一瓶，新品種的蟲！

現在粟米近處看去，像是一個視障加蒙面的人，拄著拐杖，不知在山坡，雜草叢生的橘樹園，探勘什麼？更不知阿舜，何時農藥噴完，才能回到產業道路上，帶她回家？

他這半輩子，開加工製茶廠，茶葉一擔一擔的收，一篩子一篩子的曬，後來又改用機器，一盤一盤慢慢烘……做木工，刨呀刨的，外人正看好時，錢賺了不少，怎麼又關門大吉，總是什麼事業都作不成，或是很少長久以來算輝煌騰達的。

或是運氣來了，作生意賺取一些錢，就被穿著玻璃絲襪的神秘女郎，跟隨幾天；這女郎手尖腳細，指甲擦得紅紅，晚上被阿燕看到：洗完澡，腳指甲也塗得紅紅，連小手巾那麼小，嫘絲布做的，小帶子綁上綁下的紅色、黑色內褲，都要阿燕幫她洗。

今天難得生病，阿燕自己給自己放假，可是見到粟米跟阿舜，從橘子園回來，竟然體力好像很好的樣子，跑來跑去，刨絲瓜，開冬瓜，煮永遠吃不完，吃不膩的健康青菜給他們吃。

不一會兒，阿舜到溪流用竹簍撈到一些蝦子回家，蝦子活潑跳動的；牠們爪子互相刺進刺出，痛死了、瞎了、殘障了、沒有一隻有能力跳回溪流，悠遊自在。

爲牠們感嘆：彎彎小河享清涼，爲何如今獨斷腸？

這群蝦子，不知有沒想到過，爲什麼會造成這種局面，到底是甚麼原因造成的?!

十三

粟米回到台北的家，夜校高中女生，剛要去上學，在四樓門口和她打招呼。

她進門習慣性開起音樂，曲名是，她很喜歡的：一朵小花——一朵小花，小花它開在……。

門鈴突然響起，她在貓眼仔細的看見是明綠，她慢慢轉身，將音響關掉，輕輕的呼吸，無聲的吶喊：她將爲人母，你走吧，你快走！然後腳步輕輕的走向前陽台盯梢。

巷子裡幾個孩子嬉戲，打球。

作夜市生意的，將貨物搬往隔壁的路邊，準備賺個大錢。

明綠一個西裝畢挺的陌生人，穿過人群，粟米看到他的背影，心裡別無他求。

明綠走了。

粟米已經不理我，她愛她的丈夫，早已勝過我，我失去了，我眞的失去了，我確實該夢醒，我要求她，不要就這樣忘了我，雖然，我不是値得妳依戀的人，至少應該是朋友吧！

明綠萬般無奈的，回出租套房家走著。

剛走進樓梯間，一個大約一百七十公分高，衣褲燙得畢挺，皮鞋亮得照人，戴著太陽墨鏡的男人，牽著臉龐塗抹紅粉，眼皮擦得深藍妖精，裙子短到，隱隱約約露出三角地帶。頭髮像極了，加上一點醬油，剛炒好的一盤米粉。

他們倆個卿卿我我，摟摟抱抱的走出。

明綠奇怪，這個女人是住加蓋頂樓的上班人。

她香水不像二仔坪的橘花，是輕輕噴空氣中，讓空氣中的香氣，沾染到她的身上，好幾次明綠下班到家，她正要出門上班，兩人擦身而過，香得叫人受不了。

明綠偷偷的揑一下鼻子，轉頭看她身邊這個男人……！竟然有人長得這麼像！他不是粟米的老公嗎？思想繼續往樓上走去。

將明綠傷得四分五裂的粟米，不和明綠見面，不算委曲自己的心情，慢條斯理的殺起吳郭魚，準備煮薑絲湯。

電話響起，粟米急奔到客廳接到：

「是粟米嗎？我是有方……。」

約過了一小時光景，有限進門了，粟米帶著酒渦前來迎接。

有限和粟米照面後，直往廁所。

一向很黏男人的粟米，心中甜蜜蜜的，身靠浴室門道：

「你今天比較晚，有方打電話來：阿爸今天中午，收工回家說，他那裡又痛起來，有方帶他看醫生他不肯，不過有方還是硬把他載去，你阿哥說照X光線的結果，醫生懷疑是長壞東西，要開刀，怎麼辦？」

還沒等有限回答。

她突然發現正在小便的有限，那兒包裹了一些衛生紙。

她楞了楞，覺得非常奇怪，指著有限那兒說：

「你這是幹嘛？」

這不是每晚他們行爲以後，叫他洗，有限不喜歡自己嚴重的香港腳又泡溼了，用擦拭，才這樣留下，斑斑脫落的衛生紙嗎？

有限急著穿回：

「哦！沒什麼，是辦公室那些傢伙和我開玩笑。」

「阿爸不可能長什麼壞東西的！」

一向勤勞儉樸，疼桂花，勝過於疼自己的阿壽，粟米對他滿懷信心：「是啊！我也這麼想，壞東西怎麼可能，長在我們阿爸的身上。」

對有限上班的局裡有宿舍，有輪值，有寢室……清一色男人，共同生活的天地，到底是什麼情形，粟米不了解。

對幾乎夜夜春宵，一刻值千金的有限，不疑有什麼不合理。

有限撥電話：

「阿哥……我星期日就回家。」

十四

今天是週末，又是一年一度，佛祖的誕辰，這天就是中部，眾所周知的頭份四月八。

粟米夫婦，應玉貞，雅貞夫婦之邀，中午下班以後，乘坐野雞車前往赴宴，鎮上擠得水澥不通，食客十多萬。

一群一群的士、農、工、商、善男信女，備果品到寺院庵堂，中正路義民廟參加頌經浴佛，有的祈求功名，有的祈求保佑平安，有的祈求生兒或生女，有的祈求外遇的丈夫、妻子回家續緣，有的祈求和情夫情婦的戀情，可以不曝光而永永遠遠，有的寡婦鰥夫，祈求兒女好好乖乖的給他們帶大，有的祈求投票時打敗劉派、黃派、或陳派……生意興隆……佛祖眼見：

義民廟堂龍鳳攀，
早生貴子許諾願。
阿堵有厚又有薄，
功名情愛永不遠。

雅貞也領著有限、粟米，夾雜在人群中，到廟堂燒香祈福，廟堂香煙裊裊，信徒萬衆，她們手中持香默禱，將點燃的香，舉得高高的，免得燙傷求福人群。

正要上香，明綠他阿母，瞪大眼睛：

「粟米，妳怎麼有空？」

「伯母……恰好我先生輪休，他姓李，這兩位是我妹夫和妹婿。」

粟米轉向妹婿們介紹：

「這位是同學期的媽媽，她姓王。」

三個男人，禮貌示意以後，暫停腳步到旁邊。

「眞好，大家有緣，有福氣。」王媽媽上下打量她們。

雅貞早已料到姓王，體態高高壯壯，說話鄉音重重，只有粟米才聽得懂，這像廣東話又像是客家話，到底是什麼話？

玉貞：這位老太太是誰人！

雅貞背著有限，用神秘的眼光看著粟米她們，輕輕告訴玉貞：

「是明綠的阿母沒錯。」

「眞高興今天能見到面，王媽媽祈求什麼？」粟米微笑。

「老大不生，老二遠洋，每年都要出海，明綠快三十了還不娶，不知勸了多少！」

「不必急，緣份就要到了。」

「妳服務的學校，有沒有單純一點的老師，和妳差不多就可以啦，幫明綠介紹。」王媽媽說來順口。

「好，試試看，再見。」粟米她們，覺得有限等了太久，向老人家揮手道別。

王媽媽往神前，舉香虔誠跪拜：半年等過又半年，明綠的好朋友，都結婚作阿爸了，等我老了，誰來帶孫子。

傍晚時分，粟米她們一起走到玉貞家。附近的三合院，家家戶戶的院子，搭起棚子，熱熱鬧鬧的說著，大家一面吃澎湃，一面聊天。若不是玉貞領著她們，走到遠遠就傳來音樂，有請歌唱團那家，可眞會吃錯家呢！

酒酣耳熱之際，年齡大的，山歌一首一首的現，幾句唱玩，十幾桌的男女老少，放下筷子報以熱烈的掌聲。

歌聲，談笑風生，高潮迭起。

喝葡萄酒或米酒煮雞酒，剪刀、石頭、布，一個雞蛋一塊五，剪刀、石頭、布、一個雞蛋一塊五……亂酒拳的，罰他一杯一杯的喝，她們最喜歡喝酒，又有雜七雜八，歌曲的場面，這場面，老一輩的一句話，令人目瞪口呆或前俯後仰。

玉貞，雅貞她們，看她香菇燉土雞加紅棗湯，土雞燉鮮草乾湯，自己一碗一碗的喝，雞頭、雞腳、雞尾、一個一個挾給粟米，粟米隨意、一隻一隻爪子，慢慢咬，和酒量好的有限他一大杯，她一小杯的喝。

和玉貞，雅貞倆公婆敬來敬去，就知道她高興得不得了，若不是沒有伴唱帶，她們早已上去載歌載舞。

隔桌一個阿伯唱完歌，正站起來幫他的朋友點歌，粟米滿面笑容的急步過去說：

「阿伯，你唱山歌給我聽好嗎？」

「好！沒問題，妳愛聽哪一首？」

「阿伯，你唱：一領蓬線衫好嗎？」

「……秋風吹起日漸冷，阿母寄來一件蓬線衫，交代涯身體愛保重，天寒時節愛著加兜衫啊！出外食頭路已經有三年，時常會想起阿母的慈顏，惜子女心肝，終生毋敢忘……。」

阿伯唱出宏亮的聲音，全場鴉雀無聲，尤其是老一輩當父母的，長大剛爲人父母的，隨同歌聲，完全融入曲詞的情境；年輕的隨著音樂打拍子，輕輕的聲音跟著學唱。

粟米搖頭晃動的，怎麼在大台北，也買不到任何一塊，這曲錄音帶！？

「玉貞，雅貞，下次有機會，我們也出去現一下。」

送上來一盤蹄膀，燉得Q、香、透的蹄膀下鋪了一層玉貞她們姊妹愛吃的筍乾。有限、正龍、馮吉他們……吃著蹄膀肥肉，粟米她們吃筍乾，也吃得津津有味。

接著輪到正龍點的：榕樹下。

「路邊一棵榕樹下，是我懷念的地方……。」

有限點的歌排在正龍之後。

「……我兩人，拿到一枝小雨傘……。」剛唱第二句，全場被充滿感情，宏亮悠揚的歌聲所感動，台風更是迷人，粟米更是隨著他的音符，字詞，如癡如醉。

有限在粟米還餘音嫋嫋時，回坐她的身旁輕鬆道：

「唱得不好。」

粟米愉快激動道：

「那裡，我從未聽你唱歌，你竟然是歌星，你可以改行了！」

正龍已經喝得差不多，玉貞暗示他少喝。

要粟米也上臺演唱，粟米對有限，這次歌唱冠軍的頭銜，感到溫馨之外，他除了會唱幾首，在這場面根本不適合的歌曲之外，其他例如山歌，閩南語，國語，流行歌曲她更是不行，她只好堅持不唱。

雅貞也催促：

「阿姊，快呀，唱給大家聽嘛！」

她靠近她們耳語：

「我回家加緊練習，下次作鬧熱，我再獻唱。」

辦酒席的，送上酒精爐，火上一鍋大鱸魚，跟著酒精塊的點燃，燃起了正龍兄弟姊妹們，一點滴的心願——阿爸一輩子愛熱鬧，阿爸一輩子疼愛阿母。

今天直到永遠，我們四月八要作得熱熱鬧鬧；我們要天天加倍，幫阿爸孝順她、照顧她、使她快樂。

更感謝阿母教養他們，個個出人頭地。特地從餐桌上請來，正和他們阿姨聊天，十多年前，因車禍喪失老公的阿母，唱日本歌曲，山歌曲，國語歌曲。

一面唱一面鼓掌，一面塞紅包在她口袋。

兄弟姊妹，親朋好友歡樂的情景，即時行孝心的和樂，感動了一百多位食客，無怪乎！曾子曰：「吾聞諸夫子：『孟莊子之孝也，其他可能也，其不改父之臣與父之政，是難能也。』」

其實又怎麼能說：現在人不如古時候的人孝順呢？看是否有人性與受教罷了。

十五

粟米就像頂樓，鐵籠裡養的幾隻雞一樣，放牠們出來，到有加蓋屋頂這邊玩沙，追逐，展翅……時間到了，不管有多好玩，洗沙洗得舒不舒服，或是下著再大的雨，牠們還是冒雨回家。

時候不早，回到娘家，紅袖起來開門。

有限、粟米道：

「阿母。」

「阿限喝那麼多酒嗎？」

「他酒量好沒關係！」

粟米還沉醉在吃拜拜的氣氛裡。他們一走進門發現燙板上，堆放一些棉布，她翻一翻。

紅袖早已想利用作客人衣服的空檔，把粟米剛懷幾個月的孩子，作幾件紗布內衣，尿布幾十條，背小孩用的小被子，車好四條帶子，背帶，外衣……都準備好，迎接她的小外孫。

「阿母，尿布那麼快就要準備？」

「鄰居越搬越少，作衣服的客人當然不多，比以前閒多了。」

滿面喜悅道：

「要給粟米坐月子的土雞，也開始飼養了。」

「阿母，承蒙你。」有限客客氣氣的說完，在紅袖視線上，和粟米一前一後走上樓梯，他們躺下來，一時剛才老人，酒後吐眞言的話面，出現在幻境，他把眼前的事，忘得一乾二淨，結婚第一天的舊帳，卻記得一清二楚，引來一陣唏然。

年輕的，頻繁複式的舊帳，不如蓋不住一身的酒香，香氣中之花姿，千千萬萬種，紅紅紫紫，花瓣的質料，才灑落夢醒的一地。

「粟米，明天早點回家，阿爸前天住進醫院，昨天開刀結果，拿到一顆像梨子那麼大的血球，已經蔓延到全身，現在載回家了。」

萬萬沒有想到：花一朵一朵的謝，別人的親人，一次一次的少，她敬愛的親人，也會因絕症離開她的事實，就即將發生，心想：不可能，醫生弄錯了，再找別家看看，中醫看看，她的親人，不可能因癌症就這樣走，不可能，不可能……她說：

「那我們再躺一下就好，到小店借電話，包車到鎮上，坐野雞車回去好嗎？」

有限點頭。

十六

四月八以後一個星期，有慈善的心，活到老，做到老的阿壽永遠的走了。

楓紅時節，上午十點多鐘，粟米順利產下三千六百多公克的「雙胞子」。

他們烏黑的頭髮，蓋到頸部來。

護士直稱：

「哇！孩子漂亮，頭髮更漂亮啊！」

這話引起粟米——孩子見不到阿壽而感傷。

懷胎十月終於解脫的她，淚水潸潸的，想起懷孕第一天起，為了使孩子有強壯骨格的根基，有烏黑的頭髮，每天強迫自己，吃海帶墩排骨，爲了要孩子有白皙的皮膚，每天吃一個香瓜，爲了……。

有限進來望見她，寒喧以後，萬分喜悅的：

「孩子好漂亮，眼睛貼著玻璃窗，望進嬰兒室，只看頭髮就知道那個是我的兒子。」

有限嘴付在粟米耳朶：

「怪不得老一輩的說，孩子不能偷生，我去買痲油雞給妳。」

有限轉身離去時，粟米有氣無力道：

「喔！路上小心點。」

她隨著時間的前行，腦海一片空白，子宮收縮陣陣隱痛，迷迷糊糊睡著了。

護士小姐職業口吻道：

「李太太，吃東西以後，把這藥吃下去。」

「喔！知道，謝謝。」

她又繼續睡。

幾個小時以後，護士小姐再送達一包藥，小姐斜視著，看不起粟米的口氣，大聲責備：

「只有妳一個人嗎？妳家人呢？妳先生呢？藥怎麼不吃？」

「等我先生拿東西來，我吃過就立刻吃藥，他快來了。」

護士氣燄難消，步出病房，她順便起身上廁所，用漏斗型杯子盥洗，剪刀剪開的傷口，縫合了十幾針，坐不直的沖著消毒水，洗好時，站不住腳，慢慢的走回床沿。

換個護士輪班，又送達一包藥。

粟米百思不解，有限就是回李家去拿，來回三個小時，已經足足有餘，爲什麼，他到底去了哪裡？

她自己更糊裡糊塗的，沒有請護士小姐幫忙買塊蛋糕或是餅乾。而一定要吃老公拿來的。夜裡十二點多時，含著淚水，在護士小姐的白眼之下，服下第一包，幫助子宮收縮的藥。

第二天上午，住粟米家一樓的學生家長，來探視，煮來一小鍋豬腰子酒，她慢慢的吃著，強忍忍不住的淚水：

「這兩天，妳看見我先生回家嗎？」

「昨天下午，我到黃昏市場買菜時，看見他在「閣再來」旅社前停摩托車，大概去市場買東西，好像沒有注意到他回家。」

粟米自己安慰自己，這怎麼可能，邱媽媽看錯吧！

過了一會兒，粟米心情起浮起來，她左思右想的，她知道有限沒有回家，更不可能煮什麼雞酒來；回想有限和她，有一次放假回去，桂花叫粟米殺了一隻番鴨公，燉了一鍋巧克力色的湯，舀一大碗給有限道：

「這番鴨公湯最毒，有限他們男人吃，粟米妳不能吃。」

後來粟米回娘家問她阿母：

「阿母爲什麼番鴨公肉最毒？」

紅袖答道：

「呆妹仔，最毒就是最補啦！」粟米恍然大悟。

不過這次是生產，應該會給她吃雞酒才對！

有限到底去那裡？想尋出究竟，有什麼辦法，人在江湖身不由己，坐月子至少也該三、四十天，可以去找到原因，又有什麼用呢？總是敷衍了事，或是她親自發現他，做對不起她的事，把他追蹤回家，他心不在家裡，也於事無補。

她阿母說的：凡事不要強求，是妳的才是妳的，不是妳的追求不到的，如：膝蓋貼肉也不長肉的。

鄰居邱太太要離開，粟米拜託她：

「若見到我先生，麻煩妳轉告他：我在等他。」

邱太太和她揮手再見，走到嬰兒室的窗邊，面帶微笑，對著兩個頭髮最黑、最美的孩子。

粟米左等右等，天下人的境遇，「羅漢腳」珍惜美嬌妻的，「瘸手跰腳」只要是人，照樣要有人疼，照樣要得到人與人之間生存的規則─互相尊重，就像小草與檜木一樣，是生命的一體。

平凡人嫁娶平凡人，過著幸福快樂的一生；或是平凡人嫁娶平凡人，一個辛勤的耕耘婚姻，一個輕易的抛開浪費情緣。

當然還有灰姑娘成爲王妃，過著幸福快樂，神仙婚姻生活的；或是灰姑娘珍惜朝朝暮暮，能相聚的每分時刻，白馬王子覺得毫無新鮮感；婚姻，像每天要吃的，未經烹調的，白菜、蘿蔔一樣，把情感任意揮霍，還有煩不勝煩，揮之不去之感……。

就在這午餐時刻，護士小姐擺上了午餐和白眼，在粟米的床頭櫃。

有限若無其事的，空著手走進來，她頭轉往牆壁，責備自己，不夠堅強，不知情的淚水，一直滴在枕頭上。

「來，我扶妳起來吃飯。」

粟米雖然餓得軟弱無力，但搖頭說不必。

誰人沒想到，在老婆生產，最需要安慰時給予慰藉，誰人想到，自己把病帶回給老婆怎麼辦？至於愛的眞諦是什麼，當然不很重要！

這個時候李家各忙各的，沒有感覺粟米生產中。

紅袖忙著三朝炒雞酒，悶糯米飯「拜野」。

十七

一個孩子的黃疸，一個孩子的肚臍發炎，延長了她住醫院的時間。好不容易終於等到，可以出院回家的日子，她和有限一人抱一個嬰兒，在護理人員的祝福聲中，坐上了計程車。

這一天，紅袖把作給粟米的呢布睡褲，鉤的毛線帽子包妥。

傳祖一大早，把雞舍的十來隻土雞，抓進挖了洞的兩個紙箱子，搬進雲厚的汽車裡；紅袖穿著美麗的洋裝，黑色的絨布中高跟鞋子，欣喜萬分的，跟著一身金黃金咖啡色彩繪一身的雞隻，和一隻已經煮好，加枸杞的雞酒，來到他女婿的家，幫忙粟米坐月子。

一進門，紅袖看到她這半輩子來所見，最漂亮的家。

這個家，好個整潔大方；大客廳前，迎面而來，像是正上演的電影；銀幕的情景中，有秋天的楓樹林，林地上積滿了掉落的楓葉，落葉中間空出一口大池塘，池塘有豐盈的塘水，塘水曾經灌溉塘邊一大片禾黃垂下來的稻穗……。

眞不輸那年，傳祖帶她去看的電影—櫻花戀。

她向牆壁走，伸手輕輕的摸清楚，觸手的感覺眞舒服，是紙面有紋路的畫。

紅袖準備回苗栗時第一句話要告訴傳祖：你知道粟米家有多美麗嗎？

紅袖把女婿這麼美麗的家，用小抹布細心的擦，整理得何止一塵不染，簡直和打蠟一樣光亮。在自己認爲有福氣，有自來水，最高級，最方便的廚房忙著幫小外孫昭明、昭龍洗奶瓶。

粟米叫道：

「阿母，我在百貨公司，買回消毒奶瓶的鍋子，在流理臺下面，妳拿來用。」

「還要消毒？」我養一群孩子若像她這樣麻煩，孩子早已餓死！不過對這個愛女，她沒有第二句話，她把一個一個奶瓶放入，蒸個幾分鐘。

她盛一小碗公的飯和雞酒，來到粟米房間：

「阿母，幹嘛吃那麼多飯？」

「坐月子身體要顧好，以前的人坐月子，都用大碗公吃飯，配雞酒，雞酒喝了全身熱熱的就睡覺，老一輩的說：女人長到生第三胎還會長大！」

「拜託！」

紅袖說她的，她慢慢條斯理的起來，斜斜的坐著吃自己吃得下的分量。

正在用餐的二樓太太，又突然被異常快速節奏，宏亮的嬰兒哭聲所驚訝，她直衝上有限家門外，急壞了的口氣：

「陳老師怎麼了？孩子哭得這麼厲害？」

紅袖開門，和站在門口的鄰居：

「謝謝妳們啦，兩天來，昭龍若聽到我洗奶瓶的聲音，便哭的這麼大聲這麼急，時間到了，我有偷偷的泡奶，先餵小的昭龍，再餵昭明，剛才沖奶的聲音，還是被他聽到，他就催討成這樣子！」

粟米從房裡輕鬆的說：

「張太太，謝謝妳，沒關係啦！」

抱著昭龍的紅袖，目送已經放心的張太太下樓梯。

紅袖到黃昏市場買菜，林林總總的柴，米，油，鹽，醬，醋，茶……廚房用品，男女老幼的用品……應有盡有，她感到都市的生活眞是富裕，這情景不知何時開始的？

十八

有限下班回來，帶回帶著三個孫子，要來幫粟米坐月子的桂花。

桂花、有限直進臥室，端詳他正在睡覺，頭大臉四方，最漂亮的寶貝孫子。

桂花走出臥房，到客廳看孩子們遊戲。

粟米說：

「有限，你們吃過了嗎？你怎麼沒有告訴我，要請阿母來？」

「還沒，是阿母打電話到辦公室說：親家母來住我們家，她做阿母的也要來，她要來幫忙到市場買菜，所以有方就載來了呀！」有限很為難。

紅袖提著豆子，有限愛吃的蝦子、蹄膀……進門來，和桂花招呼後走進廚房。

紅袖聽到粟米、有限的對話。

「可是阿母年輕時，一向都是四五個姊姊姑姑服侍，她從不做家事的，你看三個小的拿著玩具槍，又刀又劍的，你聽他們在沙發桌跳上跳下的！」

明白自己身份的紅袖，對自己乖巧的女兒，準備很放心的交給桂花，她走到臥房門前：

「粟米，沒關係，阿母準備晚餐給她們吃，現在先請有限打電話，叫雲厚八點來，帶阿母回家好了，阿母已經殺好了一隻雞，明天早上妳『家娘』炒雞酒給妳吃，洗澡水她會燒開放溫給妳洗。」

有限拿起話筒撥出電話。

晚餐後，粟米洗完紅袖準備的水，紅袖晾好洗衣機的衣褲，水槽的尿布，失望的粟米送無奈的紅袖時，紅袖不放心叮嚀她說：

「刷牙要用開水。」

擇善固執的粟米點頭，知道自己該怎麼做。

第二天清晨，桂花作完早餐，舀碗雞酒給有限，有限用完，到臥房和妻兒示意準備上班之時，粟米起來送出門的有限。

桂花和坐在沙發的粟米道：

「妳再回去睡，媽媽再倒半瓶酒下去煮，妳待會再吃。」

「媽媽，土雞長得好慢，養了半年多，一隻才兩斤多。妳不必煮那麼多酒，我不喜歡也不敢喝雞酒。」

長得矮胖矮胖，一向樂天派的桂花說：

「小孩子懂什麼，雞酒多喝，身體才好，媽媽以前坐月子，是用大碗公喝呢！」

「我知道。」粟米說完隨即起身，往臥房走，經過餐廳時，看見水槽中，昨晚用過的奶瓶沒有洗。

「阿母，奶瓶要用那把刷子刷乾淨，然後放在像電鍋的那個鍋子蒸，昭明、昭龍，才不會肚子疼。」粟米指著鍋子，禮貌的口吻說著，走進臥室。

正在煮雞酒的桂花說：

「不必，不必，我養妳五個姑姑，三個兒子到大，奶瓶涮涮，洗洗就可以了。」

一向怒而不形於色的粟米，看看超級可愛的兩個小寶貝，滿懷喜悅的繼續休息，她迷迷糊糊睡著了。

桂花怕吵醒粟米和孫子，輕輕幫她關上房門，走到頂樓餵雞，作操，澆花……。當她下樓時，一鍋雞酒剛好臭火煙，她從門口直衝廚房，關熄瓦斯，舀一碗雞肉，走進粟米的臥室：

「粟米，來餐桌吃飯。」

她盥洗完畢，盛了一碗飯，挾起雞肉吃了起來。

桂花走到後陽台幫昭明、昭龍洗尿布。

她吃著「臭火煙」的雞肉，對土雞肉起了厭惡，只好忍耐著把一小碗飯吃完。

電話響起：「喂！」

「老師，是我們三個啦！恭喜……。」

「住親戚家習慣嗎？」

「很好，謝謝妳以前的照顧。」

「有空再打電話呦！要來玩……再見。」

屋裡吵吵鬧鬧的，桂花忙嬰兒忙小孩，好不容易過了半天，一向逆來順受的粟米，眼見從沒見過如此大眼睛，漂亮的孩子，把所有的不理想，抛之九霄雲外。

可是當桂花沖出的牛奶，還有上一回的奶味兒，昭明、昭龍餓了哭，剛喝過也哭，尿布剛換好也哭，她幾乎被壓抑得喘不過氣來。但是她竟然像被綁在道德的繩索上，不敢把牛奶倒掉，就這樣以冒險的心情繼續餵奶。

好不容易等到有限下班，有限抱起孩子，輪流親了又親，粟米雖然對桂花的一片心意，感到抱歉，可是爲了她的愛子，她滿面喜悅的說：

「還有十幾天才滿月，我想今晚請阿哥來，載我回家坐月子可以嗎？」

有限在房間書桌前，若有所思。

粟米把桂花給的首飾，義妹給的嫁妝，鄰居的添粧……，從音樂盒轉攞進皮包裡。

望著有限，想到：女人爲人妻，生子，滿月以後，必然要和他的先生，如生如死般的飢虜相親，不管他以前或曾經在外面作了什麼，有限在她心中，又像樂不可支，充滿悔意的完美丈夫，而她自己生命的價值何在？爲了兩個新希望？爲了自己？或是爲了貪圖短暫的慰藉？或是爲了將來服務大社會，爲需要幫助的人？還是爲了她的學生？……。

十九

當然，有限對桂花，感到萬分的抱歉寫在臉上，帶著妻兒隨著雲厚開來福特全壘打汽車，和雞隻，今晚就離開了台北。

一上車，粟米輕聲道：

「阿哥，謝謝你，辛苦了，等一下還要趕回台北，我眞是感到抱歉，現在要先往羅斯福路，兒童醫院，他們拉肚子。」

「回家換我當駕駛。」有限安慰的語氣。

「你牛奶不要沖太稀。」雲集交代。

「知道。」

回到家，紅袖已經把熱水瓶準備好，粟米沖起牛奶心情非常 愉悅。

一覺醒來，雞鳴四起。

紅袖，炒薑片的麻油雞酒，香噴噴的，令人垂涎，他們坐在餐桌前，傳祖說：

「粟米，吃多點，麻油雞能去風活血。」

「阿爸，我知道，你們也吃。」素貞把紅袖給她的豬腰酒，雞肉移到他們前面一點。

這幾天昭明，昭龍理胎髮，紅袖抱著給住上屋的理頭師傅理，師傅直說：

「這小孩的頭長得眞好看。」倆個都理好，紅袖包個各一百元很大的紅包感謝他。

十點多時，傳祖幫忙看外孫，紅袖到鎮上「造流年」。

傳祖這幾天沒去別人家，紅袖高興的是，她這老實的女兒作滿月，就可以回台北，和她老公晒在一起。雖然忙得不可開交，還帶著滿意的笑容，在井邊汲水，屎尿的裙子，刷刷搓揉，洗得潔白如新。

粟米拿到燙得平平的尿裙子，一面和孩子換，一面感慨：阿爸，阿母養她長大，培育她，如今還要幫她帶孩子，這筆恩惠，怎麼還也還不清啊！她還有什麼能力去做其他更偉大的事？

當孩子哭泣時，粟米剛要抱起昭明或昭龍，紅袖，傳祖即搶先抱起，爲的是這三十天之間，他們不讓粟米抱起重重的孩子，以免將來她這兒痛，那裡痛。

紅袖，傳祖，雖然沒有說不讓她抱的原因，但是知父母莫若女，粟米除了感受到阿爸，阿母愛的偉大之外，她怪傳祖若對紅袖的情，多加一點點，該有多好。她也責備自己，除了一雙腳很會走路以外，一雙手一點點重的都提不久。除了會教書之外，她還會做什麼有意義的事？

當她幫昭明洗澡時，她把兒子抱在大澡盆裡，竟然對他軟軟的身體不知如何是好，差一點就讓孩子喝到水。

粟米，哇的一聲。

紅袖趕緊過來，粟米看到紅袖，一手扶著頭，一手在昭明身上，洗得孩子舒舒服服的，還在澡盆裏睡著可愛的樣子，她不禁跟著昭明滿足起來。

她輕輕用手掌舀水，倒在昭明身上，她感嘆：天下女人都像自己這樣，有一雙笨笨的手，卻沒有上一輩的來幫助，那該怎麼辦？發生事情，沒有長輩指點怎麼辦？甚至於有的女人，她的丈夫有外遇、飛機失事、被雷擊斃、被洪水沖走、車禍帶走、被大火燒焦了、不僅僅如此，有的甚至留下遺腹子、剛出生的孩子……她們是用甚麼力量支撐自己，把還沒生出來的孩子生出來，把剛生出來，或很小的孩子養大，她們好偉大啊！而自己有老公作精神支柱，經濟支持，實在是太幸福了。

不知不覺一天過一天，明天就要滿月了

她決定，她除了愛學生，給學生快樂童年之外，將來有機會也有能力的話，她要喚起大衆，幫助被遺棄的女人，不幸失去丈夫的女人……精神上幫助她照顧孩子，直到她度過低潮時期，直到她站得起來。

昭明，昭龍今天滿月，粟米她八十多歲的阿公，阿婆，七早八早從神桌山下來，一人抱一個外曾孫子，笑得合不攏嘴：

「坐月子不要洗頭，妳有洗嗎？以後老了，才不會頭風痛。」義妹不放心，邊逗樂曾孫邊說。

「阿婆，我知道，阿母有說：等一下才可以洗。」粟米回答。

紅袖把義妹帶來的金牌，給小外孫掛個意思，祝福她們長命百歲，心裡想著：昌貴，義妹，他們這多子多孫多福氣的人送的，這倆個小的命好，長命子是一定的，口裡唸唸有詞：

「這是你阿婆太給你們的，你們會富貴連連。」

傳祖一向不理這些，什麼送庚，送禮，女兒，女婿作生日，和紅袖的姊妹來往，睹到神頭，甚至睹到鬼的，送鬼……算命，合八卦。他在看報紙，不吭一聲。

紅袖沖好牛奶，給粟米她阿公，阿婆餵奶，走到井邊準備洗衣服，粟米在浴室叫：

「阿母，妳不是說要拿阿蓮的照片，要我幫她介紹男朋友？」

「知道，等一下我會記得。」

午餐中，紅袖說：

「粟米，妳三十一生日快到了，阿母順便幫妳和有限一起作一作。」

「阿母，不必啦！」粟米知道阿母又花她省吃儉用的錢，幫她買旗袍料，幫有限買領帶夾……

……她要還她這些錢。

「阿母已經準備好了，下午帶回台北。」紅袖說。

轉眼到了下午兩三點，村落末班車就要開出去了，陳家人依依不捨得，粟米就要離開。

「皮包背好。」紅袖悄悄的，和正要出發的粟米說。

「知道。」

傳祖紅袖走向門口，粟米強忍著，不再看孩子一眼，和要回三合院的昌貴、義妹，一起走到阿港伯商店前，她們目送粟米上車才離去。

客運車上，粟米想：總算可以爲王媽媽盡一份心意。

來到明綠家門，反而左思右慮的，不知該不該進去！她在這家庭，庭園設計比賽，可以奪冠的矮籬笆前，希望，望無他們，心裡倒很想見到他們：

「王伯母，王伯母。」

「誰呀？」王伯母抬頭前來。

「伯母好，是粟米。」她高興有人在家。

「上來，上來。」王伯母笑容迎接。

「不用，不用，我給明綠送照片，和我寫的介紹信。」

「要走啦！聊聊天嘛！明天再走。」

王伯母走下榻榻米，欲拉粟米陪她，粟米面有難色走進屋子。

「坐、坐，眞傷腦筋，明綠對女人，好像都沒興趣，他阿哥幫他介紹學校教書的老師，頭髮也留得長長的，他連面都不肯見，還說：慢慢來！我不急，你急也沒用！」

「粟米，妳看明綠是不是有什麼隱疾？」

「伯母，不會啦！他呀身體好得很。」

「慢娶親，到時候我老了，沒有人幫忙帶孫子。」

世間爲人子孫者，何其幸福！

「伯母，別想太多，老人家到老大那兒走走，老二那兒住住，和老三、老四打打國際電話，公園走走……自己過得快樂才是最重要，年輕人有自己選擇、決定的空間，他才會快樂。」

「是啊！他說像阿里山，那棵三千年神木，爲什麼成功，就是因爲方圓數公尺地盤，提供牠，自由自在生長的環境！」

粟米看錶欲離去，王媽媽也看鐘說：

「粟米，今天星期六，明綠每個星期六都回家，他坐的火車五點半就到站，妳等他回家再走。」

「不好，我走了。」

兩人走出門外。

「多聊聊嘛！」

「再見！」倆人揮手，王媽媽感傷往回走。

「阿母。」明綠人未進門，聲音先進來。

「ㄟ，你沒有碰到粟米嗎？她剛剛離開不久。」王媽媽感覺意外。

明綠手提包一放，西裝一脫，拉出腳踏車，往火車站騎去……他停妥自行車，急步走向站內。

粟米看時刻表，明綠一眼即找到她，她心有靈犀轉頭，心，砰、砰、砰的和明綠四眼交談。

粟米隨著他牽著的腳踏車，返回王家，站在矮矮的籬笆前。

「進來呀！」

粟米瞪著明綠的黑長褲白襯衫，感性、瀟灑的調和，差點控制不住自己的理性，腦袋又想尋回許多詩意的昨天。

「幹嘛！進來呀！」

王媽媽站一旁看著他們。

明綠輕拉他的手腕，一種從未有的感覺，傳達到他們的心靈。

粟米貪婪的，看清楚，以前還看不清楚的手。

王媽媽搬椅子請粟米坐。

既然粟米回來了，就讓他們聚首，介紹的事，明天再說也不遲：

「明綠，飯菜在桌上，我到你大哥那去看你大嫂，她身體不舒服。」

「伯母再見！」

「你爲什麼不結婚？爲我耗了快十年，不爲你阿母，至少也應該爲自己人生計劃吧！」

「不是懷孕爲什麼急著結婚，口口聲聲愛我，爲什麼新郎不是我？」

「我已插翅難飛，你還在糟蹋自己！」粟米不忍他痴心。

又是一幕默然不語……。

明綠起身往櫃子拿酒，粟米急急阻擋：

「今晚也沒慶祝什麼，吃飯就好，爲什麼你想喝酒？」

明綠一手摟著最美的腰，一手提著酒，身體像觸電一般敏感：

「葡萄酒沒什麼關係，隨時都可以喝，請妳陪我好嗎？」

「可以，有條件。」

「甚麼條件？」

「除非你結婚，今天見面後，十年後的今天再見面。」

兩人呆坐。

「可以，十除以二好了！」

「一言既出，駟馬難追。」

收音機傳來，河邊春風寒，怎樣阮孤單，抬頭一下看，幸福人做伴。想起伊對我，實在是相瞞，到底是按怎………。

「明緣，我對不起你，我錯了。你怎麼怨我都可以，我現在不想聽這首淡水河畔。」

「我也不願做河畔的孤單影！」

「妳做錯什麼？」

淡水無坎蓋，怎樣阮孤單……。

兩人一小杯一小杯的喝，不知何時門已鎖定，燈光暗淡，酒瓶空空，他們牽著手，走進臥室。

粟米知道他要做甚麼，他想找個天經地義的理由。而粟米認爲她應該依歸在道德規範下，她避開那一生一世的即將激情，她推開那厚厚的胸膛：

「不行，我該走了！」

明緣不忍粟米心靈蒙羞，他冷靜許久：

「好，那就早點兒。」

和粟米久別的街道、電影廣告板，鳳凰冰果室依然如舊，從此他們相會的心靈，卻完全是新的。

走到冰果店前停止腳步，從口袋掏出個小紅盒子交給粟米：

「這隻錶到今天才送，抱歉。」

「失約的是我，要說抱歉的是我。」

她不能收禮物。

「留著只有增加感傷。」

粟米能選擇的，不是無波井，而是見物思人。

搖搖擺擺叩叩叩的火車上，粟米想起幾小時前昭明，昭龍他外婆用他們喜歡的水溫，幫他們洗得香香；他外公已經把紅袖作的紗布內衣，兩件兩件套好，穿在小外孫的身上……。

兩個小子正甜睡中，她自己也不知不覺的睡著。

第四章　團圓似明月

一

夜晚，夜市的燈火通明，吃的，穿的，小孩的玩具車，大人用籐製圈圈投擲的香菸或洋酒……應有盡有。

粟米買塊童年時吃的蕃薯餅，走往還沒有路燈的路段，突然小街裡騎來一部摩托車，稍微碰上她的裙子，她想：自己走路沒走好，靠旁邊一點，一會兒又來了一部摩托車，稍微碰上她的皮包，她想：平時要求學生走路靠右邊，自己也靠右邊啊！走得不夠邊吧！她再走規矩點……一會兒，來了一部摩托車，搶奪她肩上的皮包。

她費了九牛二虎之力，整隻右手臂被肩上滑下的皮包像拔河一樣的動作，搓的烏青紫鷗，沒練過防身術的她，皮包跟摩托車聲飛走。

粟米瞪大眼睛，往前看他的車牌，卻沒有車牌。

她心急如焚，穿著高跟鞋，像一百公尺障礙賽一般，又喊又跑：

「搶皮包，有強盜……。」

小街小巷上湧入數十位男、女，追的追，講的講，喊的喊：

「怎麼是陳老師！」

粟米跑在人群最後。

眞是莫名其妙，條條道路通羅馬，歹徒偏偏狂飆入死巷子。

那條巷子的盡頭，是準備建築房屋的空田，田水滿得像春天的池塘一樣，不但如此，幾乎沒有一處不被塡滿垃圾。

當他連人帶車衝撞在大、小型黑白電視、破沙發、彈簧床……的陷阱，感覺陷入絕境時，粟米緊跟大伙兒已經趕到。

他全身泥漿，看粟米氣喘如牛，面色慘不忍睹，朝池塘有個小島邊走來。大家靜候中，他雙手舉得高高的，深怕把皮包弄髒，等候粟米前來領取。

粟米在衆人注視中，安全接下皮包，看見他手臂滿是打針一樣的孔，嚇得如具殭屍。

歹徒哀求口吻：

「小姐，原諒我。」

「你問他們的意思。」

幾十位她的學生家長，一陣臺語罵喊：

「早死爹娘沒教養，揍一個給他死。」（台語）

「給他死。」

「給他半死。」

速賜康、強力膠、安非他命……她們恍然大悟：這是家庭教育、學校教育、道德教育、社會教育……還是那兒出了問題？

《史記》：「盡得毒等衛尉竭、內史肆、佐弋竭、中大夫令齊等二十人鳥皆應首。車裂以徇，滅其宗。」

如上段古書所述，揍死、五馬分屍的行動即將展開。

一人拉著歹徒，準備拳打太陽穴，另一組腳踢也齊一時，歹徒竟然先不甘示弱，先下手爲強，踹他下體，家長頓時面色發黑，搶匪丟下摩托車逃之夭夭。

衆人感嘆，治安一天不如一天，抓搶匪的技術課程，應該終身進修學習。

不一會兒，接獲報案的警察來到，翻開摩托車椅墊，墊子下擺著車牌、身份證、行照、駕照，莫名其妙，還有一袋銀行小錢袋，袋子裝滿銅板？

人群散去，留下兩名警察埋伏，等他回來牽車。

粟米心臟病就要暴發似的，跟著回警察局作筆錄：

「皮包裡有些甚麼？」

「領帶夾，十二個戒指，四條相鍊，兩對手環，現金一萬多元和金塊數個……。」

警員不禁莞爾。

她心酸疲憊，被送回公寓樓下，已經二更。

怎麼會被搶？甚麼公訴罪？皮包拿回來就好？……。

有限家電鈴突然響起，很久不來開門的有限，急得像熱鍋上的螞蟻。

粟米說：

「有限開門呀！我的鑰匙怎麼打不開門，我被……。」

門突然開啓。

「阿嫂，我是梅香。」面色青白。

「這是怎麼回事，你不是說她已經結婚，嫁給建設公司的董事長？」粟米瞪眼。

「是啊。」有限緊張顫慄。

「那她肚子的孩子是誰的？」

「我和阿哥是清白的。」梅香急急解釋，聲音顫抖。

「她老公呢？」

「退票躲避債權人，地下錢莊逼迫還錢，躲在這兒。」其實在粟米心裡，她們是跳到黃河也洗不清一身塵垢，她顧不了禮教的束縛，直坐沙發上說：

「若你還要沒良心，迷信，愛她，咱們無緣，我成全你們，錢財，金飾甚麼都不要，只要求給我兩個孩子，我們沒甚麼好說！」

大腹便便的梅香剛走，有限又發誓，粟米心中感嘆，沒有感情基礎的婚姻證書，像晚間在有微風的操場上，舉行畢業典禮的燭光：

「男子漢大丈夫敢作敢當，不應該隨便發誓，到底她那孩子是誰的？至少讓我活得有尊嚴吧！」

「原諒我。」

坐累了，她走進臥房，準備就寢，有限跟進來。

一片委屈中，婚姻的鎖鏈捆綁下，隱藏著再一次原諒的危機。

牆上的鐘敲了三下，粟米感覺身邊的人何等的陌生，迷糊中她開著一部紅色的，福特全壘打汽車，翻山越嶺，又爬上一百八十度山坡的一半，突然技術不好，車子上不去，也下不來，就這樣停止於半山壁中，千鈞一髮之際，她哭喊救命，卻怎麼叫也叫不出聲音來，就在這時，突然車連人一起摔成粉身碎骨，她終於像和見到的鬼說話一樣，不知邊哭邊說些甚麼，把熟睡的有限嚇醒。

有限摟著、安慰著哭泣的粟米：

「怎麼了？」

「沒什麼，作亂七八糟的夢！」

「甚麼夢？」

她飲泣思索：

粟米最近幾天來，她曾經第一次聽到，有限夢中不清楚的，叫女人的名字……。

諸如剛才此類不同劇本的夢境，斷斷續續的發生。

知道她病了，她的表情變得有淡淡憂鬱，她不願和有限多說，起來拿出音樂盒，把義妹給她的嫁妝，留一塊在皮包裡。再過幾天就要放寒假，暫時先舒緩壓力是必然的。

二

第二天黃昏，還算熱鬧的福壽街上，她走進銀樓：

「老闆，現在一錢多少錢？」

「賣出三千一百元。」

「這你稱稱看，可賣多少？」

「陳老師，這些有三萬元左右。」

「好，賣給你。」

從老闆手中接過大大疊的鈔票，塞入皮包走出銀樓。

啊！上課累了走路不小心拐了一跤，是免不了，突然冒出個陌生女人，並肩走這一條小路，碰撞一下沒什麼關係，不過她感覺實在太擠了，妳走水溝稍微委屈點，高跟皮鞋髒兮兮回家擦拭，提到鐵窗花架上通通風，就沒事了。

粟米細心的一面澆花。有時候天氣變化，難免悶熱或下起毛毛細雨，她忘記帶傘，酸雨使她損失了不少招牌秀髮。

粟米正在煎有限愛吃的吳郭魚，她繼續深思：有時候突然下了一場大雨，爲數不少的女人，起初有丈夫陪去買菜，可是陌生人又來了個後來居中，占去小路的一大半，路滑又泥濘，她們都感覺很不好走，尤其覺得比小時候，上學要經過的「墓仔埔」還要有壓力，不知用快馬加鞭跑完，還是像紅袖說的，口裡念阿彌陀佛就沒有鬼，還是和很多女人一樣，路雖然很小，只是很小嘛！還可以走，碰來碰去擠進擠出，傘撐不下去，弄濕各式各樣的上衣裙子；像禮服、旗袍、洋裝、工作褲、運動衣、平底鞋、運動鞋……。

粟米在自己腦海裡自言自語，突然覺得好笑，爲什麽老唱悲歌，誰要聽呦！

不知有限會不會排斥，隨手放了她的最最愛—鄧麗君的夢裡相思，下一首是金大班最後一夜。

似乎遇到挫折以後，總是還願等待的心情，準備和有限共進晚餐。

一九七九年二月，台北冷風呼呼的吹奏，春天的氣息正悄悄逼退著陽明山厚厚的冰霜。

粟米挑個台北街頭燈火輝煌的夜晚起行。

她沒有和往常大部份女人一樣，等著她們唯獨生活的依靠—最愛等的老公，而穿上夏季套裝，外加紅色長大衣，拖著帶有幾套夏季換洗衣物的旅行袋，八點左右，和幾十個陌生人一起步入登機室，坐在靠窗的位子，看著安捷航空，步履輕盈的空姐，聞到她身上綿羊油的芬芳，迷迷糊糊的睡了起來。

當她一覺醒來，已是臺北第二天清晨四點鐘，她調整手錶到當地時間七點鐘。窗外一座以雲海當背景，絢麗大舞台，舞台的中央有一大片金橘色的布幕，布幕的光映熱了她的臉龐，這時銀幕和天邊的交接線上，露出一顆熊熊發光的恆球，她欣賞這紅球的美麗：

靜夜航空轟隆隆，

北半球正是寒冬，

越過赤道南回線，

異國展現在眼前。

正欣賞這幅雪梨移動的畫，畫裡一會兒一片白茫茫，一會兒繪出有聲影的童話故事、山峰、湖泊、河流、海灘，被茂密枝葉遮住一半的屋頂。

她跟進人群轉機直飛。

十二點鐘，雨足在墨爾本機場，見到同窗好友粟米，她們興奮的擁抱：

「老公對妳好嗎？」

「還好，妳變黑了，眞像健美小姐。」

「每天游泳。」

「教學愉快嗎？」

「這兒學生沒有考試，也沒有一定的教科書教材，但是圖書館有充足的資料，教師必須花很多時間來準備教材，並且要很用心的來計畫如何教學，如何評鑑教學的過程、成果，以及如何作必要的補救教學。」

粟米明白自己今後教學的方向：

「教師有充分的自主選擇教材權，很好，很值得推動。」

「是啊！學生學習的能力，興趣提高是必然的。」

「翩麗小學還缺華語教師嗎？」

「本地推行反種族歧視運動，澳洲其他小學，缺太多華語老師。提倡第二語言和該族舞蹈、文化……的教學，這兒最適合妳來。」

「妳知道我是黏人蟲，總是賴著男人，父母、家人還不足，連青山、綠水、要刨皮的水柿子、甚至一座火炭窯、幾間三合院、幾口池塘、礁溪溫泉、燈紅紫綠的華西街旁的萬華……我都因它古老、新鮮、刺激、而捨不得，就是再適合又有何用？」

她們在經規劃整齊的街道停妥汽車。

逛歐洲風味十足的街道，坐在教堂前，哥德式的拱壁和石柱，高聳的保羅尖塔，賞心悅目，古老的建築物，在新都市呼吸著。

行人穿著樸素，一堆堆人面帶笑容，一副悠閒自在的樣子，她們也跟著悠閒起來。

欣賞他們有的在露天咖啡店談天說地，有的在吃英式點心—牛排加炸馬鈴薯片，有的暢飲，有的在公園看報，有的穿梭在服飾精品街。

粟米也被玻璃窗裡，有無尾熊標誌，棗紅色的領帶所吸引……。

「粟米，我們照原來計劃前行。」

她望著雨足的車窗外，處處公園，尤加利樹，相思樹，草地，人群鴿群混在一起，畫面屢屢呈現，感覺相思樹燦爛的金黃花，卻已隨著圓綠種子的來訪而遠去，而澳大利亞人依然愛它如國花，粟米卻不知愛它的什麼，名份嗎？美好嗎？

「雨足，停車吧！」

「ＯＫ！」

粟米撿起來許多闊樹業，幾十顆圓綠小果子，包在有袋鼠圖案的小手帕裡。

「送給誰？」

「還沒決定。」

雨足：

「上車。」

「啊！雨足，好美的房子呀！」

「澳大利亞人喜愛庭院和寬闊，不喜歡公寓大樓。」

「那他們不認識鐵窗嘍！」

感覺當地人的屋簷，陽台，裝雕花欄杆，疏密有緻，把整體的住宅襯托得氣質不凡。住在裡頭眞正是享受生活，她羡慕不已：

「製作設計這花欄杆的藝術家好偉大！」

「都是英國運來的。」

不知不覺已經到庫克船長的石屋，她們摸摸二百多年前，從英國拆下運來蓋的牆石，在庫克石屋門前，上馬石上踩踏，認識一下滿園的疏菜、花草，踏過嫩綠，倚靠庭園喬木，看行雲飛行至何方？

三

近日來，每到傍晚時間，昭明習慣性的發燒，紅袖：

「奇怪！又三十九度多！」

她拿出背帶，傳祖面色沉重，背昭明到廟口看醫生。

林姓醫生從軍中退休，鄉下人管他是合不合格的醫生，沒到西藥房買藥，奢侈點就到他這兒來看病。

操外省口音道：

「來四天了，明天沒有好點，背到鎮上換醫生檢查看看。」

傳祖拿到一天分的藥，忐忑不安，背著外孫，跨上鈴木機車，其他帶孩子、孫子看病的村人，掀開背昭明被子的頭蓋，看到燒成昏睡的小臉，默默的爲紅袖和粟米捏一把冷汗。

門前柏油路傳來小汽車停車聲音。

「阿母，昭明怎麼樣？」

有限內外探視粟米在家與否？

「你阿爸再帶他去看林醫生，粟米怎麼沒有一起回來？」紅袖驚訝。

「她……她……回家有事。」

紅袖意味情況不對，百思不解，繼續推動搖籃搖著昭龍。

傳祖進門：

「粟米呢？」

「回去看她家娘。」

傳祖不疑有他。

有限看兒子軟弱無神，沉沉的說：

「阿爸，我看現在帶昭明到大醫院？」

傳祖較不明白昭明生活習性：

「阿爸在家看昭龍。」

他們沉重的神色，紅袖解下背昭明背帶，裹好小棉被，坐上有限的汽車出發。

「有限，開誰的車？」

「和我阿哥借的。」

「發生什麼事？」

「是我錯。」

「你趕快去找她。」

「阿母，她都沒有回老家，外婆家？」

「怎麼可能？她阿爸那麼兇！」

「那妳知道她會到哪裡？」

「家都不敢回！她哪有哪可以去？待會回家看看她畢業紀念册，有一個和她住一起，感情很好的同學而已。」

紅袖抱緊昭明。

有限神色不安的掛號。

「李昭明。」

紅袖滿懷信心抱孫子到醫生面前，不一會兒，把昭明的病情急迫敘述。

醫生抽昭明的血：

「李先生，孩子需要打血清，費用四百五十元，請問……。」

「好，幫他打針，謝謝，謝謝。」

回家途中紅袖百思不解，眞是命運，有限不是傳祖生的，各方面都那麼像。她不想撕破他的臉皮，繼續希望他以後，做個婚姻事業有成就的女婿。

一本厚重的紀念册，帶給有限無窮的力量與希望。

汽車輪子，在粟米上學的路上，飛快的奔馳北上……。

四

清晨，異國的遊艇緩緩前進，沿途不同色香的大樓，碧綠的雪梨海灣，已經使她滿足。周圍的青山，心如止水的心情，一起航向遠方。

遊艇上的午餐使她難忘，佳餚美酒，英俊的吉他手，和心情年輕的女子合照。美麗的賣唱姑娘，摟住瀟灑的男子共舞。

突然，女郎盯梢帶墨鏡，操臺灣話的中年男士，瞬間他們之間有了默契。

偏偏他身不由己，旁邊多了美麗大方，裝扮得宜的妻子，女郎只好一邊賣唱，戴著假睫毛的眼睛，像接網站一樣，耐心等待。

雨足道：

「藝人心中埋怨：夫妻一同到國外旅行，丈夫有苦難言，像整天背著一部破洗衣機般痛苦。」

「胡說！」

好不容易身邊的妻子離位排隊，補充菜餚，賣唱女孩前來，邀他共舞，他們豪華的吻，他手伸入她的胸襟，久久還覺新鮮：

「先生，幫我拍照。」

中年男子，鄰坐志趣投合的陌生人，相機的連續按鈕微笑著。

正感謝有老公陪伴，感覺是最浪漫旅遊的她，盛好菜餚回坐位，女郎還纏綿陶醉他口袋的金錢。

雨足她們了解她需要甚麼！趕緊驅前塞了一元美金，總算結束他們之間的需求。

下午粟米她們在維多利亞女王大廈，坐在黑椅配黑桌的長廊角落，欣賞、思量、和雨足神情愉快，她們被酒香迷著……。

兩百多家服飾精品店中，粟米隨意提起一件，都是她喜愛的第一件禮服。

「妳來穿這件一定很迷人。」

「孩子已經兩個，不要老是回憶。」

「妳穿才適合。」

「還早得很，我對婚姻有恐懼症。」

「沒這回事。」

其實，她想痛哭中撕破一九七五，現在已經曲皺的生命質料，若和明綠再有那個日子，願這件比當年……夫人更美麗的禮服，加在她新娘子，更綺麗更生動的生命上。

五

又是外國人的情人節。

天空萬里無雲，下午，粟米拿起話筒：

「雨足，我們到海邊，三點來接我。」

「OK！妳在做甚麼？」

粟米：

「想前途……。」

「別無聊，到飯店斜對面吃一級棒冰淇淋，下午記得帶外套。」

「OK！」

傍晚五點時候，她們已經步行往海邊的路段。

道路兩旁，小企鵝在家嬌滴滴的叫著，這聲音是熟悉的，像剛孵出來的小雞，向被幾隻公雞踩踏，雪白羽毛快掉光的黑骨母雞說：「快！快！快！用豐滿的羽毛幫我保溫。」

海風輕輕吹著。

擠滿人潮的海邊比粟米，雨足想像的不冷。

她們在人群周圍選定座位，觀察企鵝靠海吃海，每天訓練自己成為游泳、潛水、捕魚的三料冠軍。加上牠玲瓏小巧，終年穿著藍、白樸素小羽毛衣，潛入海底捕魚的模樣，眞是惹人憐愛。

牠們往遠洋捕魚，三點多鐘滿載了，大家相互照應回家。

途中一陣縱的風暴，牠們不會像一粒粒金沙，一條條大魚小魚被掃到綠島。

「我們不能死，我們都有雙生兒女或有丈夫、妻子。」

意志與力量使牠們甦醒過來乘風破浪，大伙兒衝啊，游啊！還是以柔克剛好，任憑漂流往天涯海角，海也無絕人之路！

驚濤駭浪已去，平靜來時，濕潤的氣流遇上冷空氣，帶來一海的迷途白霧。牠們轉了好多趟，像被綁架的肉票，急自己未死就要被大殮。

還好家裡的塔台聯繫上，才得以回到澳大利亞菲力浦島，人群正聚集的海灘。

粟米倆從專看牠們回家的小小銀幕，聽得清楚，萬衆阿母都哼著雙生孩子，丈夫或妻子；看得仔細，伊莎媽媽第一登上沙灘，麗麗媽媽緊緊跟在後的畫面。

牠們迴避坐在沙灘外、芒草邊、石階上一雙雙的眼睛。加快三寸金蓮，進入設計師爲牠們修築的斑馬線。

粟米、雨足在人群中快步轉身、彎腰，悄悄繞過牠們兩個鑽入的草叢，跟進牠們右後方，牠走走走，粟米走走走。牠累了休息一會兒，轉頭瞪眼看她半晌，粟米瞪出和夜貓一樣明亮的眼睛，微笑：「妳好可愛。」

「妳看，路都被走得發亮！」雨足怕驚動牠用輕聲。

從牠們雙方眼神、面貌、表情看，這一見如故的感覺，應該是從五十年代起和牠認識。平時粟米赤腳肩掛著球鞋，踏著兩小時白霜霜，草長長的山路上學。

肉製成的腳模型冰塊，能被尖銳的石子雜物刺出血，太陽出來又痛又癢。而企鵝是把鵝卵石健康步道，用牠們每次上下海的小腳，磨出來的血和石粉，填滿石縫，製成這年代的企鵝血糕步道。

牠們四個走了大約四十分鐘，突然遇到伊莎媽媽突變又交壞朋友的兒子，在那不倫不類，集體打架，暴戾ㄗ睢。

自從伊莎爸爸被海浪帶走，就連伊莎媽媽看了不想活的事也做得出來。

白天，伊莎媽媽除了補魚，教小企鵝做人處事之外，爲了生活夜間還要帶著弱不驚風的身子，幫瘰癘病人小心翼翼擦換，免得他毒血，幫大腸癰腫沾上羽毛的濃包清洗乾淨，免得他皮肉瘰疽，而自己被壓入一胸腔瘴氣。

「你乖！快回家，怎麼沒有和阿哥在家等阿母？」

兒子不但罵阿母，還用長直的腳踢牠，長硬的翅膀刺牠。

上次刺進的傷口還沒復元，這下血脈更不通。

在家門等了很久的乖孩子，從莉莉手中轉攙扶伊莎回家。眼睛問著阿母：

「淚水還要再灑到企鵝血糕步道上嗎？」

「妳還願意等牠回頭嗎？」

莉莉看伊莎進家門，才在自己家門前幾條巷口休息一下，當腳一踏對巷子時。

粟米側身，眼睛朝左聽到牠兩個孩子：

「阿母妳好辛苦！」

莉莉好像走臺步快模樣衝進家門。

雨足側身，眼睛朝右聽到兩個孩子：

「阿母我幫妳揉揉小腿，我幫妳沖洗眼睛的金沙……。」

她們一家三口和粟米一起享受著專門招待觀光客，菲力浦洞穴海鮮、白酒大餐：一隻大龍蝦，十個活九孔，一盤乾貝，一籃薯條，冰淇淋……還有喝完再拿的白葡萄酒。

其他的企鵝也陸續歸巢，享受天倫樂時，粟米醉趴桌面，很想回家：

企鵝夕歸巢，
兩側迎親叫，
出門雖愜意，
海外終不老。

「來賓，黃雨足電話。」

「喂！」

「雨足，我是大哥……有位找粟米的先生來到雪梨機場，現在阿爸正要去接他。」

雨足眼睛注意粟米，愣住。

「知道。把他帶到黑豹渡假住宿。」

「幾號？」

「2750……1800 024 911……ROOM NUMBER 527。TEL:047-217700」

「誰打來？」

「是我媽媽，問我今晚可以不在飯店陪妳嗎？……」

「沒關係，妳忙，已經陪我十天，不好意思。」

「妳太見外吧！」

雨足車經過片片草坪、牧場……。

飯店外雨足丟下粟米，她望見一樓，熱情款款的天地；每位著黑色晚禮服，黑高跟鞋的女士身邊，有英俊瀟灑男士，一束束的鮮花配對。

正當異國男女，在酒吧享受，令人神往，鬆弛身心的閒聊、酒香、切切私語……。

突然粟米嚇一跳。愣住一會兒，照常往前走。

他微笑跟進：

「我來接妳回家過年。」

兩人齊一步伐，進入527房。

不發一語的兩人，由粟米打開僵局：

「你來幹嘛？我想通了自己會回去。」

「孩子誰的？」

「不是我的。」

「不是你的，也不能原諒。」

「我錯了，來向妳賠罪，以後不再做出傷害妳的事，保證妳生活愉快，不會再有她出現。」

粟米不想和他談，行動最重要，發甚麼誓，對她如何都非她能支配，婚姻的品質要雙方品管，心頭滿委屈的拿衣走往浴室。

「這年終獎金和二月份的薪水交給妳。」

她氣得回坐沙發。

難免想起見梅香大腹便便那一幕，室內又籠罩在，隨時換掉氣氛的可能。

別以爲薪水有多大，別說我嘴巴小。絲瓜一碗公，一碗公吃，只需吃你那鈔票；我粟米的胃口是最大號的，要錢也更要心！……。

表面看起來她默默無言，瞪眼看他。

又想到比上不足比下有餘；有些女人今天結婚，明天老公入監獄、結婚以後翻臉就打人。

今天生下孩子，昨天老公意外死亡。

粟米七、八歲，八七水災第三天，跟她外婆到外村買東買西，一群人站在水泥橋上指指點點大水圳裡，粟米好奇，湊熱鬧聽消息：

「阿坤走出來，感覺從未有的冷風襲來，怕他剛剛割除盲腸炎的阿爸感冒，趕緊回頭進屋裡，匆忙走出到水圳岸上，住了幾代的家門口。他晡娘、孩子、阿爸……就眼看到他連水圳坡、屋頂磚瓦、進入洶湧的大圳。漸漸的只留下一件剛剛拿到的綠色長袖，在水中浮浮沉沉。」

啊！天作孽猶可違，自作孽不可活。阿壽說：大男人、大女人沒有事解決不了的。上帝造人，是要我們恩恩愛愛。

她心裡想著：照原定計畫，明天到三姊妹妹岩藍山遊，夜晚到雪梨歌劇院……成了猶豫不決。

面部毫無表情，開第一道門進入浴室。

有限立刻跟進，粟米覺得有些尷尬。在豪華浴室，寬幅裝鏡中清楚看見他寬衣解帶時，就已經動情的侗體。

誰說女人動之以情，男人動之以色？

粟米也早已引起動機，不知洗了多少次，還是忍受不住那自然的流露。

有限平常都抓住：公婆，床頭打，床尾合。現在見她豐挺、白皙、勻稱的身材，也終於明白，結婚以後的肌膚之親，是何等的需要。

不知是親家好過親家母，還是親家母較好過親家，粟米完全忘記，他們爲何來此地？竟然小別勝新婚。

六

又過去幾個月。昭明、昭龍，一頭屋黑柔軟的卷髮，頭大臉四方，像極了雪印奶粉的廣告兒。

回中部當假日母親，奪去粟米思索、聽音樂、郊遊、看小說、鉤家飾……的時間。

粟米跑到夜市竹架的水果堆，挑選幾個特大的蘋果。

第二天一大早，有限載她往懷寧街，搭第一班野雞車。

超級快的車速，正合她的心意，四十分鐘車程中，彷彿看見，兩個黑茸茸卷髮的孩子，在紅袖身邊駛著蜘蛛車（客語）走來走去。

假日，對九個月大的孩子心靈，似乎也有些快感，當第一班客運，經過人煙越來越稀少的家門，他們早已站在門前等候粟米。

她一腳踏入家門：

「媽媽，媽媽……。」

他們都雙手舉高，準備給粟米抱。

粟米親親他們臉頰，不是紅樓夢中的耳鬢廝磨起來。沒有生子的人，是不會了解，親子之間互動，是甚麼程度的好！

一個一個抱往樓上獨處，刮蘋果，仔細的看，摸摸小腳小手，餵奶，餵肉湯。

一個上午的時間，在她們傳遞親情間溜走，粟米得到無限的期望；昭明兩個雙手有媽媽的味道，也感到特別溫馨。

她背一個，一個抱緊緊，又吻又卿卿我我的，走下樓梯。

粟米回家，紅袖作起衣服特別起勁：

「這孩子未曾讓我洗過屎裙，九個月會走會講。」

「婆，尿尿，便便，帶他去眞的有尿有便。」

粟米用臉頰撫慰孩子：

「寶貝，我的最愛，你們知道外婆忙不過來嘛！」

她希望他們快快長大，做個社會上有用的人，就別無他求。

午餐後，牆上的鐘，和中年人的歲月相同，總是不夠用。又快三點，紅袖示意粟米上樓換衣服，下樓時，剛剛擺在客廳要背、要包的小被子，正暖和著他們。

紅袖爲了躲避粟米，背他們到後園，昭明，昭龍頭兒頻頻往後轉，又哭又叫：

「媽媽，媽媽……。」

粟米的心像是被留下一樣。

她腳步重重的，往阿港伯商店前移動，媽、媽，尿、尿，……的聲音，使她收不回那顆留下的心，她明白紅袖，在幫孩子擦乾淚痕，但不知誰能使他們，不受任何委屈？！

七

換了幾趟車，終於快到家，路邊出現許多廣告，粟米睜開眼睛看清楚：三萬元搬新家，總價四十萬元，買三十坪。

下車，加速腳步到家，拿出記事本，算算後寫滿一紙，等有限下班回家，送拖鞋時：

「吃過了嗎？」

「局裡用過。」

「我想我們應該買房子，不知你的意見如何？」

她把一目了然的紙張，交給沙發上的有限。

「訂下房子，我們的錢才留得住。過幾年，明、龍可以和我們住。小孩子人格發展，六歲即定型，不但如此，將來教育費用，生活費用都得規劃。」

計畫表有限大約明白：兩人月入約一萬伍仟元，結餘約八千元。

預售屋蓋一年，等於又存款約十萬元，加上目前存款三萬元，總價四十萬元的房子，只需貸款二十七萬元。以後每月交三千元左右的利息。

「全家平安就可以買。」

粟米等他決定。

「妳認爲可以就好。」

「走！到樣品屋去。」

三十，三十一坪的模型屋，看得他們眼花撩亂，他們被帶往工地一小塊地方，售屋小姐道：

「這是三米路，那兒以後是公園……。」

她們跟本看不清楚哪兒前，哪兒後！只知A、B、C棟的相關位子。

紅袖一向認爲最「番」的粟米想：應該尊重他的意見：

「決定哪間由你作主。」

他受到尊重，滿懷歡喜：

「坐北朝南，三十一坪的那間頂樓好，阿母帶那些小孩來，才有房間。」

離開工地，粟米想到疼愛她的阿壽，還在該有多美好?!可是，癌症神也沒辦法，積德也沒辦法阻止，閻羅王的召見。

家官理頭，扛穀包扛到今晚，腳跛啊跛，明晨去開刀，第七天就過身！過身那天早上，嚥下最後一口氣前，嘴巴一直動，手也輕輕舉高約五公分。

知夫莫若妻，一輩子沒吵過架，被疼到六十歲，每晚還黏膩膩的桂花：

「粟米，妳阿爸要和妳說話。」

粟米和碧如往前靠一點。

粟米伸手輕拉他的手，桂花將碧如的手，拉在粟米手上，阿壽將她們的雙手，緊緊牽連在一起：

「桂花……惜……子……就要……連……媳……婦，哪個……媳……婦……都……一……樣……。」

希望阿壽現在作神仙，下輩子和粟米再成爲一家人，她讓他作個好命人。

粟米坐上摩拖車，收到五千元訂金，美麗會說的售屋小姐，鞠躬：

「恭喜，買到就賺到啦！」

「再見。」

八

四年以後。

一天，新家餐桌上，一家共進晚餐：

「春假五天，回苗栗走走好嗎？順便看看阿公，阿婆，多看一次老人家，牽牽手摸摸腳，見面一次就多一層福氣？」

「好，我把假日調好。」

「爸爸，媽媽，我們帶棒球和手套好嗎？」

「可以。」

粟米準備車上的乾糧、水壺……、明、龍遠東百貨公司買來體面的服裝，夜市買來的襪子、帽子。燙幾件她爲有限買的春季長袖襯衫、最後準備她樸素的衣裙。

昭明、昭龍滿足愉快、規律的寫功課，背唐詩、三字經，看偉人的童年，童話列車，中國孩子的自然圖書館……。

時而技術好得很桌球往空中拍，往牆壁拍，一拍就是數十下，粟米稱讚：

「桌球打得好棒。」

眞像他爸爸。

明、龍嘻嘻哈哈繼續玩，雅致的客廳，呈現一幅快樂溫馨的畫面。

只要是昭明、昭龍在的地方，周圍發出的聲音，粟米所聽的音樂一定是屬於孩子的，每天叫他們起床，放他們喜歡的音樂；有時是：人之初，性本善，性相近，習相遠……。有時是他阿爸常唱給他們聽，她把它錄起來的。

果眞一聽到這些音樂，他們揉揉睡眼，精神飽滿，一副清楚聽到什麼的模樣。

稍後，她帶了一箱，中華兒童詩社所演出，吳文林、林至宏、林文宇所編輯的唐詩，吳大捷製作，中視文化公司，發行的錄音帶，上了車。

這錄音帶不知在家、在車上聽了多少遍。每回明、龍都有不同的問題問他阿母。

蜜棗紅色的小汽車播放出：

「……三日入廚下，洗手做羹湯，未諳姑食性，先譴小姑嚐。……。」

「媽媽，小姑是什麼？」

「就是爸爸的姊姊叫姑姑，妹妹就叫小姑。」

「弟弟，我還會背『草』這首詩」

「我也會。」

「聲音輕點，別吵爸爸開車。」

他們點頭。心裡穿著菊花，想著流水，逍遙自在。

「……離離原上草，一歲一枯榮，野火燒不盡，春風吹又生；遠方親古道，晴翠接荒城，又送王孫去，萋萋滿別情……。」

「媽媽放錄音帶。」

……桃紅復含宿雨，柳綠更帶朝煙；花若家僮未掃，鶯啼山客猶眠。

昨夜大概下了一場雨，那窗外鮮紅的桃花，還閃著晶瑩剔透的露珠。但是青綠的柳樹卻還躲在晨霧裡。

不曉得家童跑到那兒去了，怎麼還沒有把昨夜的落花掃去。到處都已經傳來清亮的鳥啼聲了，可是我還想再睡一會兒呢！

「誰不想起來？」

「他的名叫—王維。」

「後來起來了沒？」

「起來了呀！才會發現下過雨的早晨，是多麼美麗，在樹葉邊、草叢裡都會掛滿露珠，剛出來的陽光一照，立刻就會閃著七彩的光芒呢！再加上一層薄薄的霧氣，一會兒清楚，一會兒模糊，眞是美極了！」

「媽媽，妳看見過那麼美麗嗎？」

「有啊！在阿太家的扶桑花籬笆，以前媽媽上學的路上，舊家，現在外公的家，和現在媽媽的國小的校園裡……都看過啊！露珠、雨珠停在葉子上、花上。看花開，花枝長大。」

「我也很想看。」

「早起的鳥兒有蟲吃。要清晨才看得到。」

「媽媽，下次妳帶我們去看。」

「明天早上你起得早，沒有風的話，媽媽處處的家鄉，外婆家的田園和大人們一樣，喜愛乖孩子，它一定讓你們看到晶瑩剔透的露珠。」

「知道了。」

「快到了嗎？」

「這段平路再開五分鐘，開上一條坡路就是阿太家。」

陣陣涼風吹拂粟米臉頰，車窗外一棵棵高高低低相思樹、雜樹、不知名的樹木。一大片一大片，和粟米曾經摘過的那株茶樹，玩過的小草，它們都搖擺著。

九

明、龍在院子打棒球。

傳承夫妻上班。

「阿公，阿婆。」

昌貴放下毛筆。

義妹端莊、幸福的樣子，坐在每次粟米見到她時，休息、納涼的籐椅上。

粟米到他旁邊，從頭到腳細細打量她阿婆，她綁個髮髻，還是插個金色的髮簪，頭髮沒有變少，髮色稍轉褐亮。

粟米摸摸她常思念的手，小時候從簍葛拿，米仔麩、牲人糖、阿梅荅偶（日語）、豬腳圈、繩子糖、油追仔……的手。

小時候，大冬天，她不喜歡老妹的腳橫三豎四，跑去跟她阿婆睡，阿婆夾著她的腿，她睡得好溫暖。

今天看到她阿婆有些黑斑的腳，摸到她的腿，所感覺到的溫暖與安慰，沒有摸到的人，是不知甚麼感覺啦！她打開皮包：

「阿婆，這給妳。這個給阿公買吃的。」

「不用，妳阿爸、阿伯、阿叔、阿姑有給我，孫媳婦去上班也會給我。」

「這是我的心意。」

「粟米，妳最知頭天。」

義妹往廊仔下看昌貴、有限下棋。

粟米走進昌貴坐了一輩子的書桌前，大桌前一牆壁的書，黃皺黃皺的，牛皮紙包著，看外皮看不出什麼詩經、史記、漢書……她打定主意，將來有一天他永遠不會看了，她一定要弄到一堆來。

粟米看他的讀書筆記：

學者宜以修身爲本

人當惜寸陰

學業須嚴立課程

兄弟之子猶子也

汝盍立其業

使人讀書而聞之

將從良師受業

學生當修禮儀愼言語

未嘗不愼飲食之節

宜得備才德者友之……。

原來她阿公一輩子，包括和晡娘百年好合，是到老還在修養品德，時時惕勵己身，難怪老人家，被鄉里敬稱爲陳福，顧名思義他是謹愼一言一行，以身作則，造福鄉里。

粟米走進有限身邊，有限：

「阿公八十多耳聰目明，反應比我快。」

粟米會心一笑。我阿公耳朵有名的大，還早呀！一百歲沒問題。

「以後我是要走的話，就要選在放暑假，妳們子子孫孫都在『作先生』，較有空。」（客語）

這阿婆幹嘛好端端的，慢條斯理的講這些？

「阿婆，也沒那裡不舒服，不要亂講啦！」

「媽媽，我們住婆太家，還是外婆家？」

「媽媽幫你們照相。等一下去摘草莓，到媽媽讀過的小學，然後住外婆家。」

「媽媽我想照相。」

昭明最愛照相。粟米手中的相機，留住她們在三合院，珍貴的親情。

「昭明、昭龍洗手出發嘍！」

蹦跳進出大廚房。

「媽媽，泉水好大缸好滿呀！」

「妳喜歡嗎？」

「喜歡，我想在這兒洗澡。」

他們微笑。

往窗外揮手。

「阿婆、阿公再見！」

回三合院的小徑變得好大，經過的人變得好少，柚子樹依然挺立，吃柚子的人是否忘記歸來；門口塘邊柳條搖曳，傳承阿叔養的鰱魚、鯉魚是否知道，是思鄉人兒的腳步？茶叢依舊，摘茶的人兒不知是否還山歌連連……。

一〇

一家四口手牽手，徜徉於田野。

「媽媽，我要照相。」

留下一幅幅採草莓，天倫樂的畫面。

粟米只見片片美不能少的野蕃茄田，已經成爲整齊的草莓田，一切顯示出人門條理工作的景氣。

「爸爸，我摘到好大好大的草莓。」

「爸爸，我也摘到比哥哥更紅的草莓。」

「好，爸爸知道。」

「妳們乖，先不要吃呦！媽媽洗好再吃。」

「知道，有農藥。」

身體髮膚受之父母不敢毀傷，孝之始也。

「昭明乖。」

「媽媽，那我呢？」

「你也乖，也懂事。」

「粟米，摘不少了，到自強國小了嗎？」

「是啊！明、龍幫忙提。」

兄弟兩直奔操場停止腳步：

「媽媽，樹好大好大呀！鬍鬚好長啊！」

「媽媽，……高曾祖，父而身，身而子，子而孫。自子孫，至玄曾，乃九族，人之倫。」

「中間還有一個大空心……。」

「你們可以玩捉迷藏。」

「媽媽，妳以前和爸爸在這兒玩過捉迷藏嗎？」

有限和身邊的粟米都微笑。

「媽媽和阿姨和舅舅的同學他們玩，爸爸是第一次來這邊。」

「爸爸，你喜歡來這邊玩嗎？」

「媽媽喜歡的地方我就喜歡。」

「爸爸乖！」

四人走到，曾經帶給粟米歡樂同年的住宅，只剩一扇破牆，牆頭雜草長得比明、龍更高。

若是沒有這扇破牆，爲這些草擋住迎面的風雨，它必然不如此茂盛；住過這宿舍的退休老師，退休金若沒有加以規劃，爲人子者若不知回報，生活必定如倒塌的牆；女人若沒有男人疼愛，當然人生不夠美麗；孩子若沒有父母的關愛，應當不夠信心……。

由粟米開始排著一路縱隊，於故土繞行幾圈。

她看清楚牆面，二十年前貼獎狀的那一塊在那裡？怎麼連痕跡都找不到。她想用力摸進幾個手印，卻連掌紋都不知有沒有留下！

感慨歲月不留人，花開花謝何時了？往事知多少？

闊闊的天空，罩上層層金黃，她們回到紅袖身邊。

傳祖，已經在門口等她們。

「外公，外婆呢？」

「乖孫子，她去法雲寺唸經，明天就回家。阿婆知道你們要回來，有準備菜包。」

「包蘿蔔絲的，有多好吃就有多好吃。」

「媽媽，妳怎麼不包給我吃？」

「不要吵，媽媽用買給你吃好嗎？」

「不要，我要和外婆一樣的味道。」

有限帶著妻小到後園，散步，遊戲……。

十一

又是個漫長、好利用的暑假。

午餐後，粟米洗碗，不小心湯匙掉一枝，碎成兩段，她滿懷不知所以然，坐在沙發上發愣。

電話響起，傳祖聲音驚慌：

「粟米啊！和有限，帶著孩子趕快回家一趟，不要穿紅的、花的。」

「做什麼？」粟米滿腦疑慮，倏地胡思亂想。

「快打電話給有限，動作快點準備東西，不要問，回到就知道，大家都通知過了。」

粟米忙打電話、和明、龍換衣服。

「媽媽，我和弟弟帶棒球手套好嗎？」

「不是去郊遊。」

一路上，有限時速時而九十，時而一百多，被粟米一提示速度又降至九十。粟米：

「到底發生甚麼事？」

「想那麼急沒用，快回家再說。」

粟米試著不想到底發生甚麼事，端端正正的坐著，眼睛望遠遠的前方。

「媽媽，不是去郊遊要去那裡？」

「回外婆家。」

「媽媽，可以帶我們去大榕樹那個學校嗎？」

「媽媽不舒服，弟弟你不要問。」

「……。」

一百公尺前望去，粟米娘家門前停放雲集、雲厚、玉貞、雅貞的汽車。

有限汽車停止，看見車上的小孩，車下的大人穿著素色，正等待粟米回到，全家一起出發。

粟米知道發生天大的事情，車一停，迫不急待的，衝出到屋內找紅袖，沒看到人影，又亂七八糟的心情，從最後一部車，跑到第一部車前：

「誰？阿母呢？」

「回老家了，是阿婆。」

粟米臉色大變，心律不整，整個癱瘓下來：

「不可能！」

她阿嫂出來勸解。

「出發了，快！回老家。」

車行至門口塘，陣陣清清楚楚，哭喊媽媽的聲音，傳進車窗。

三合院擠滿人車。

傳承：

「你阿婆過身了。」

「健健康康好好的，怎麼會？」

院子裡到處是哭著問，哭著回答：

「妳阿婆吃到八十多，從來也沒有在地上坐一下，躺一次，今天中午不知道爲什麼？一碗飯沒吃完便說：

「我覺得背很熱，想睡正廳地上。」

「說著就拿起捲放在那裡，很久的草蓆，在地上想辦法鋪平它，鋪了很久鋪不平，妳阿公來幫她鋪平給她躺涼。」

「你阿公在旁邊看經書，過一會兒，她一直咳嗽，妳阿公幫她往上輕輕拍拍胸口，她已不咳。」

「妳阿公說：『這樣睡太涼啦！』她沒有回答，一會兒輕輕咳出聲音以後，再也聽不到她的聲音了。」

廳下站滿義妹外家親人……長年、侍女、女兒、兒子……各哭各的。

粟米和玉貞哭哭啼啼，走到義妹自己躺好的身邊，滿天不知名的星星聽她說著：

「阿婆，春假的見面，竟然成了永別。」

「我不應該放暑假五天了，還沒想到要回家看您；請您不要睡地上，因爲地上陰氣太重啊！您起來叮囑我，回家開車要小心，這一下眞如妳所說：『要看阿婆一面，遠得比登天還難！』誰能繼續傳授我成爲有教養的女子啊?!」

「我捨不得，我不要啊！妳怎麼連要永遠離開我，都選擇叫我疼惜、捨不得、心疼直到一輩子的方式啊！……。」

玉貞、雅貞……牽一群小的進來。

「明、龍……來燒香。」

「阿姨，阿婆太還會起來坐那兒嗎？」

燈光、牆面層層疊疊的人影，陪著一屋子守靈的長子……長孫……一些人眼睛東找西找，總是沒見到一個人，大伙兒不知他們夫婦孩子，數年不回來的原因，知道只不過爲了一句話的人，又是一波悔悟的淚滴。

在紅袖的淚滴裡埋藏著血絲：妻與德、賢妻生貴子、養兒方知父母心、寵子不孝，她沒有寵子啊！

他們見到春風化雨，正放暑假，他阿公當「長」字輩的老學生、傳雄夫婦、堂兄弟，雲梓、雲風、雲漢。

當「師」字輩的雪仔夫婦、堂姊姊，素貞、雲貞、秀貞、粟米。

他們阿婆：「你們較有空」的話，就傳眞在他們的心底。

他們又嗚咽起來。

粟米想起，上天賜福才有這阿婆，她小時貪玩，稍長總是覓讀書，至今四書才讀一些些。婦德、婦顏、婦工、婦容、從小到大，甚麼頭天都不知、不會。上高中了，每每從外返家，氣喘如牛，就右手提著茶壺兒，左手拿個飯碗，一口氣喝下一壺水，阿婆總是教她：等氣勻稱坐下來才慢慢喝，不至於傷到身體，現在我不知照顧自己身體，枉費您以身作則，今後我何去何從?!我薄命啊！上天懲罰我，要我內省啊！

上山那天，恰好是輔仁大學國文系插班考的日子，粟米早已報名。她不知何去何從？

阿婆，小時候的這個季節，我總是不為阿公、阿婆著想，每晚跟您睡，阿婆總是幫我，先趕走八角眠床裡的一隻蚊子，見我不入睡，總是輕輕撩起媽媽做的裙子，用軟軟的指頭，輕輕和我按摩，直見我入夢。

她跪阿婆身側，淚如雨下，不知阿婆原諒她嗎？隨即她想到那天，大大的院子裡，搭起堅固的棚架：棚架頂裡，頭一天晚上掛滿北部、中部、南部、後山、國小家長會，各地軍、警、士、農、工、商……白白的輓聯，在黑夜中輕飄，孝子女孫曾孫……哭哭啼啼。

待下一回她們回去時，只見阿婆坐在牆上，對著每個人微笑。

「阿母，阿婆、阿婆太……我叫你，妳起來吃飯呀！怎麼一碗飯才吃一半？我求妳起來，給我們孝順啊！……。」

老老少少一面哭一面擔心，獨坐在一角，年已近九十，臉色越變越慘白的昌貴。

一個一個跪落鋪著草蓆的地上，雪仔一群人來跪在剩餘空位上，粟米抬頭看雪仔，又哭泣，雪仔道：

「誰不錐心泣血，你們要顧慮阿公啊！」

自從紅袖買蓮華經以後，就似乎看中意山上，那淨淨泉水，這下疼愛她，要她來來回回就好的老人家走了，不知有誰可以留住她？

十二

西元一九八五年。

義妹的話成爲餘音以後，日子一天天過去，年年歲歲的節慶是一樣的，不一樣的只是人事的異動。

周圍的長著，隔坐年紀大的老師寫毛筆，她陪他，幫他們磨墨；聽他們敘述重重心事，有小人罵他：老之不退，謂之賊，六十二歲要他擔任三個年級的自然……科任，他不知如何準備教材？……鼓勵他不要氣餒，但是誰能幫助他們，求助於知校園倫理者，安排他們的工作？老人家才更能爲社會做一些事！始終困擾著她！

每天，靠著天眞的孩子，陪伴陳家教師崗位者，度過這段有傷痕的日子。

雖然老一輩的說：五月節過，棉被就要收起；八月半過漸漸涼，棉被要拿出來。

但社區每年九月至十月舉辦的活動卻取名爲：仲夏夜之夢。

一群上完舞臺粧的孩子，和粟米坐在花壇上。

「小朋友，仲夏夜之夢晚會」就像是我們家辦喜事：家裡辦喜事是否要打扮得漂漂亮亮？心情快快樂樂？

孩子們點頭。

「希望我們舞出美麗的夜晚……。」

下午五點時分，穿上舞衣，打扮得光鮮亮麗，美若天仙的數十位孩子，在公園看臺座位上。大約六點時間，出現在粟米眼裡：世間竟有如此美好的情緣。

她一面幫孩子輕輕拭汗，一面感受世間，竟有此值得珍惜的交點！家長不但生育美麗的孩子，要上臺表演，還遵照老師的要求，綁兩個鮮紅色的緞帶，用髮膠擦亮原本就她阿婆說的：烏金烏金的頭髮。

她多麼感謝日日陪她的孩子，多麼感謝生育這些孩子的父母。覺得自己似乎緊緊的和她們，融合在一起，她有了發自心窩的微笑。

司儀播出：

「第一個節目是：苗族舞曲；我國苗族人天性歡樂，節慶時常以姑娘穿的裙子越多層或越重，表示越美麗。她們穿上五、六十斤重的花群，多達三、四十層，上坡過坎要攙扶。」

「這支舞，由六年一班陳粟米老師指導。她們表現苗族歡慶『花坡』節日，成群結隊的姑娘們，串門子相邀參加慶典的情景。」

「請各位給予掌聲鼓勵。」

……音樂繼續中……。

「第二個節目是：本校北管樂團的演出……。」

「第三個節目請準備。」

雖是漸涼季節，穿上舞衣，準備表演第四個節目的孩子，脂粉下的皮膚難免稍熱，粟米轉頭、注目美麗的孩子微笑，不知幾回？對她們百看不厭。

她低著身子走到第一個孩子前面，幫她黏貼在耳下、頸項的秀髮輕輕撫弄到背後，露出美麗的輪廓，再走到第二個孩子、第三個孩子……、一直到第十七個孩子時，隔座的孩子，趕緊把原本已經再背部整齊的頭髮，搬移到稍濕的頸子。

粟米輕輕幫她整理出像山胞五官突出，美麗的臉蛋，她難掩幸福的微笑：

「老師，謝謝。」

「第四個節目，請準備。」

小朋友在粟米暗示中悄悄走出看臺。

「小朋友，我們在這躲起來神秘一下。」

一群孩子跟進。

「現在，老師一句妳們一句。」

「知道。」

「動作要大、要柔和。」

「……。」

「我有會說的眼睛。」

「……。」

「我有會心的微笑。」

「……。」

「記住中心點。」

「……。」

「羽扇舞爲我國傳統的民族舞蹈之一，本舞詮釋宮廷美女像仙女一般，她們持有漂亮的羽毛扇，輕柔舞動雙手，使羽扇飄飄，有著似霧似煙的飄逸，使人有飄飄然處於仙境之感……。」

「現在請大家歡迎她們出場。」

看粟米表情明白——從未帶過，羽扇舞表演如此美好的舞群。她們明白，粟米喜愛看完全美好的事務；粟米明白，帶孩子完全祕訣是：心靈的相通，心靈相通了，缺點也是完美的！

隨時關切她們、將心比心、是她努力以赴的教學方式。

曲終人散，粟米在同事幫忙數舞衣，運回學校，像她阿母說的「累到拉肚子。」

剛上床：

「明晨九點陪我送舞衣還『錦龍』，星期一再送一套還『快樂營』。」

有限的手指在粟米衣衫扣子上：

「作媒人還要包生兒子。」

粟米牽移他的手：

「等我睡一覺醒來再找你好嗎？」

有限又說：

「那麼忙，作媒人還要打出本！」

粟米：

「別說這些。」

「明天妳不是要回家看老人家？」

「是啊！……」

十三

帶詩意的秋高氣爽，粟米忍不住為人情、鄉土、而激動，一家四口，隨著貝多芬——悲愴，以時速一百驅車而行。

見到傳祖、紅袖、她阿舅、外婆……。

他們再到春假採草莓，似曾相識那丘田中。

「媽媽，下毛毛雨了！」

「沒關係，爸爸有帶傘。」

「媽媽，妳的眼睛怎麼會有眼淚？」

不知情的孩子你不要問，年年摘草莓的季節是一樣的，所不同的只是人事的異動！……。

感傷之餘。

粟米淚水更是成串的，她感受到。晏幾道的詞句：去年春天來到，花好人在，現在呢？花落人散，只有那雙雙的燕子，在細雨中比翼飛。

「粟米，回去看阿公。」

有限的車輪數著一村村的淒涼，粟米她們乘坐涼涼的清風，把一雙還感覺阿婆、阿婆太溫溫的手，交給那皺起正翻閱古籍的手。

「阿公，阿太。」

他代替義妹走往灶下找己妹。

「粟米，這是妳最愛吃的包黍（玉米）。」

「叔母。承蒙妳。」

她心裡溫馨，卻不想吃。

昭明、昭龍接過玉米：

「媽媽，外婆、外公說妳很愛吃玉米？」

她們相對微笑。

粟米坐義妹的椅子上，想起小時後，她阿母的菜園裡，宿舍邊大大的菜園裡，種滿了玉米。搬出三合院以後。

村子老百姓給一塊園她阿爸種，這田園，在收成稻米後的野番茄田附近，傳祖帶著紅袖、雲集、雲厚、粟米、玉貞、雅貞鬆土、挖畦、放種、蓋土。眼見一次比一次，高綠的玉米苗，長得比雲集都高時，她們閒逛玉米園，看阿母鋤草：

「媽媽，這一棵包了好幾包玉米。」

「阿姊，每棵都很多，根本數不完。」

漸漸玉米成熟，一次採收一大擔。紅袖挑起玉米，粟米她們摘取一束一束的月桃花、百合花、不知名的小花跟班在後。

回到家忙著找汽水瓶……揷花。

她阿母灶下，玉黍米香隨風飄來，不一會兒紅袖呼喚：

「粟米，妳們來吃玉米。」

紅袖將玉米一包一包，塗抹鹽水交給孩子。

當熱熱的玉米包，在他們每個手中時，她們愛上了它，粟米更是找個位子坐下，聞了又聞，一顆粒一顆粒扭轉著吃，心中更是，竟有那麼香、一層皮包裹，裡頭還有一小粒好嫩、好甜的玉米。

眞是不輸山楂、花柰……好吃的東西呀！三餐不需吃甚麽，只要有這幾樣東西吃，我就能快樂的過。

從此只要她阿爸、阿母有採玉米包回家，不管中餐、晚餐，她阿母和準備碗筷的孩子說：

「不必拿粟米的碗筷。」

當一家跪到榻榻米上用餐時，她總是和她阿爸養的咖啡色斑紋、耳朶大大的德國品種獵狗，坐在廚房前的絲瓜棚架下，編織玉米童年日記。

想到此，不免感嘆：每個成長中的人，誰又知道還有幾許生離、死別，使人不能天天快樂呢？

「媽媽，阿婆太不在，沒有養樂多，沒帶球又不好玩，走啦！」

「好，看爸爸和阿公太棋子下到哪？」

「阿公，阿太、阿叔、叔母、叔公、叔婆，、再見。」

她們以時速三十公里，乘著世界三十六大音樂家的故事，繼續她們的旅途。

十四

一部蜜棗紅汽車駛進前無鄰居，後無炊煙的村莊，停在屋宇屋簷大大，屋裡無一人的屋簷下。

粟米按下車窗，滿懷希望往屋內叫：

「阿舅……。」

阿舜拄住拐杖一步一步迎向門前。

粟米感到萬分莫名其妙。

有限，昭明、昭龍先後下車叫：

「阿舅。」

「舅公。」

「媽媽，九十一歲的外婆太呢？」

「以前肚子痛就永遠起不來了！」

粟米看阿舜的腳。

小孩在屋簷看盆景。

有限在桌前看報。

「阿舅，怎麼啦！」

「你外婆過世後，我身體一天不如一天，去年醫生說肝癌，醫過一段時間好轉，再去醫院化驗結果，沒有癌細胞，可是最近這右大腿骨痛得厲害。」

有限他們明白，假如他外婆生在富裕人家，胃腸病根本不可能醫不好，啊！過世前一個月還精神好得很，跑出跑進澆花、餵雞鴨……煮飯給粟米她們吃、拉個肚子就讓她這樣離去。什麼養兒防老，值得爭議，不是嗎？爲人兒自己能站穩就不錯了！

「阿舅，你要看醫生啊！」

「醫生說不出病名，要開刀才明白，阿舅不答應他。」

「那不行呀！要看醫生啊！」

「沒關係，阿舅有吃偏方。」

粟米心、肝亂成一團，走往上廁所的方向，她看見廚房堆放一大堆的生薑。

「粟米，阿舅帶你們去柑仔園摘絲瓜。」

粟米指阿壽的腳。

「阿舅你的腳？」

「沒關係，只是骨刺罷了！」

「眞的！那我開車。」粟米快樂，驚叫站起來。

「產業道路，彎又不平，崩崗坎瞭瞭，妳的車輛太大，阿舅開自己的車。」（客語）

她們坐上舊舊壞壞的小汽車出發。

途中有限、粟米、明、龍的胃、肝不知換了幾次座位，魂魄也不知掉幾次落懸崖下？他們下車走一段不能行車的小泥土路，總算和阿舜在絲瓜藤蔓裡找絲瓜。

明、龍來到廣大的山坡地，興奮、奔放。

粟米翻來翻去，找不著絲瓜，看看阿舜耐心的尋找，又繼續低下頭在茂盛的絲瓜葉下，鑽進鑽出。

不知何時他阿舅不需要拐杖，站穩穩的摘絲瓜。

粟米大叫：

「阿舅，我找不到可以吃的絲瓜。」

「妳看到的都還可以吃，摘下來沒關係。」

粟米佇立在一條很大、很長、很老的絲瓜前，久久移不動輕輕的腳步。

「媽媽，舅公摘好多條絲瓜，我和弟弟、爸爸幫忙拿到車上。」

「好，跟著爸爸小心走！」

「知道了。」

孩子快樂前奔。

他們放妥絲瓜，阿舜開車回家。

有限、粟米再看清楚，他阿舅摘的十幾條絲瓜，心裡簡直是魂斷柑園。

路途中，粟米的淚水，偷偷的，滴落在她左臀部座位邊皮粗粗、皺起殼粒的老絲瓜身上。

回到阿舜家，知道絲瓜不能吃，也不能作絲瓜布的阿舜，把絲瓜用麻袋裝好，放進粟米汽車

後載：

「阿舅，來休息，不要忙。」

「沒關係，阿舅煮飯給妳吃。」

「不要你煮，我來煮。」

有限走近來：

「阿舅坐下來休息，粟米很會煮菜。」有限道。

「阿舅是大廚師，炸豬排給妳吃。」

阿舜順手拿隻小鐮刀，往門前走去：

「阿舅去割那兩條，你外婆種的絲瓜。」

粟米幫忙刨絲瓜皮，不一會兒，豬排，絲瓜湯，九層塔煎蛋……擺在桌上。

有限、小孩子吃著豬排，粟米吃著，大部份被她快吃完的絲瓜湯，不時眼睛眨向阿舜。

十五

一日，有限下班到家帶著妻小回家，汽車上，昭明：

「奶奶家今天爲什麼請客？」

「奶奶生日。」

「那要買大蛋糕嘍！」

「粟米，待會就在福壽街買。」

「好的，要買幾寸的？」

「不必那麼大的，阿姊她們也會買。」

「媽媽，堂姊、堂弟他們會回家嗎？」

「不會，他們跟離婚的媽媽走了！」

「粟米，不要和孩子說這些。」

「知道。」

他們還是買個大蛋糕進車來。

在車行中，粟米深深感嘆：

今天離婚，今天把年輕新婦帶回家，還算不錯，比較難受的是，孩子生出來，緊逼前人離婚。

人生有緣相會，何苦相互折騰，會冤冤相報的！

粟米不明白，世人的一段話：很多貓貪腥，喜歡尋花問柳，妳丈夫自然也不例外，妳就別太傷心了。

不過她很怨嘆，也不了解，一些女人、男人、為什麼要自己傷害自己?!

有一次，和有限逛萬華，吃北海道魷魚，逛來逛去，有限提議走一趟寶斗里綠燈戶，粟米這好奇大王，當然義不容辭。

她緊緊挽著有限手臂，神經兮兮的心情，逛進環河南路二段三十五巷。

不是綠燈戶啊！她的燈是紫的、青的、粉紅的、……好嚇人！一條短短小巷，掏金魂魄，污濁不堪入耳，招攬話語，使粟米覺得路好長。她緊靠有限，數名女子竟展現女性最美麗的幾部份，又衝出奪走有限的鋼筆，說道：

「拉緊點，才不會被我們搶走。」

粟米顫抖，他們一陣嘻笑。

粟米回到李家客廳沙發上，繼續想有一次，她阿母和她的對話：

「連巷子裡的食物，我都覺得有腥味，不敢吃。」

「呆妹子（指女兒），怎麼不敢吃？」

「三十五巷子，每進來一個男人，女人就要洗一次，水溝道當然有腥味，她們若沒有洗，那麼多男人進出，空氣中又怎麼沒氣味？」

「她們根本沒有洗，男人走了，拿快大布蓋一下，下一個男人進來，一翻開就可以了。」

「那甘脆不要蓋布！」

「不蓋布有蒼蠅。」

母女兩笑得前俯後仰，眼淚都笑出來。

「阿母，她們有的是外來因素，好可憐，有苦難言。」

明、龍他們走來：

「舅媽、媽媽，妳在想甚麼？奶奶叫妳吃飯。」

「知道，謝謝。」

粟米感覺：眞是人生如戲，戲如人生……。

他們快樂的吃著生日喜宴……。

十六

又過了雙十節。

粟米在沙發鉤鉤繡繡，電話響起：

「喂！」

「大姊，我是玉貞。」

「眞高興聽到妳的聲音，家娘、老公、孩子、大家好嗎？」

「承蒙妳，阿舅住院啦！很嚴重！」

「怎麼了？」

「肚子、腳都腫起來了！」

「什麼？兩個星期日前還好呀！」

「週日晚上說腳很痛，他煮一大碗公濃濃的薑汁喝，結果熬不過天亮，鄰居就帶他進醫院。」

「好，我明天去看他，不過要晚點。」

「爲什麼？」

「我家娘身體不好，又有糖尿病，眼睛幾乎看不見，開刀回家不到一個月，要保養，我要先回家看她。」

「那我們各走各的。」

「妳告訴阿舅，阿姊會去看他。」

「好，開車小心，再見！」

「再見。」

黃昏，省立苗栗醫院外，感覺涼涼的風，吹散有限、粟米和昭明、昭龍的頭髮，屢屢掀起，不知生命時限者的碎花裙。

「小姐，請問外科病房在哪裡？」

「請問妳找那位？」

「我們找黃阿舜。」

「對不起，他走了。」

「請問他甚麼時候出院。」

「我們習俗是不要在外面過去，他中午一點走的。」

護士小姐看著這群人，直到看不見爲止。她憐憫這群人，又失去一親人，卻……。

在車上，摘絲瓜的情景浮現在她們的眼前：

「有限，小心開，慢慢開。」

「好，我會。」

迄今粟米終於了解，阿舜爲何要帶她們摘絲瓜？

粟米在緩緩前行的車上，不想知道，她阿舅家現在有多少人？在作何事？可是……她想起阿舅「送嫁」「探房」那天的時空，不禁嗚咽起來。

她低下頭來，看自己要給住院的阿舜看，美麗的裝扮。她怨自己揷翅也難飛回台北，換上一套灰黑灰黑的衣裝，來爲他阿舅燒香。

她只好在紅袖、阿姨……前面淚流滿面，聽她阿母們的話，跪下告訴她阿舅：

「阿舅，對不起，我不知道我會遲到。」

他阿舅靜靜的，不知有否聽到。

家祭、公祭完畢，要出殯前，少少的孝子，少不了誰，領著兩三個孝子女，按著習俗用薄薄的衛生紙，彎著腰，幫阿舜拭棺材？

粟米嚎啕大哭起來……。

十七

花落、花開、美好的早晨，孩子們和粟米一起編輯一段、一段孩提時代的故事。

粟米踏著輕鬆的腳步，走進校園，站在每天和孩子們朝會的花園邊，和早起的孩子們，同心協力掃那掃不盡的落葉。

她們開始坐下來聊天、述說心事……。

「來老師給你們吃茶葉糖。」

「老師，妳怎麼有？」

「昨天老師本想到木柵爬山，不知怎麼了，一家人車子開出，竟然開到坪林去，在坪林賣露營用具的商店小憩。

坪林是產茶葉的。他的牆上掛一幅字畫，寫下：

「種茶採茶茶飄香，喝茶買茶坪林香。」

「老師好喜歡，所以買下一大包茶糖、茶葉。」

「老師，眞的像吃到茶葉香。」

「在那兒也可以吃到鮮美的河蝦……。」

「老師，我也去過。」

「我也有。」

「老師還吃炸地瓜、豬血湯、哇！棒極了，吃到炸地瓜就想到小時候。」

「去南陽平原，也一路好山、好水、好空氣，在一處叫：路路安檳榔店那兒看海，你會覺得世界、天地、風景眞是很美麗，所以就照著路邊的廣告牌作啦！」

「作甚麼？」

「文官下轎，武官下馬。」

「後來，老師想了解一下，下午三點，宜蘭頭城鎮的路邊，爲什麼停放很多車?就問師丈，這些人去哪裡？」

「我知道，我帶妳去。」

「頭城鎮漁會好大的字刻在牆上，裡頭比菜市場更多人。」

「老師，漁會爲什麼擠滿人潮？」

「有的買魚，有的賣魚，而且全都是活跳的魚蝦，好大好便宜，好新鮮好便宜，一大籃才十元。」

「老師在漁會逛來逛去，卻看見堆砌成小山一般，還沒長大，好小好小，不知幾萬品種的死魚。」

「老師，牠們怎麼不是漏網之魚。」

粟米把在漁會說給有限的感受，再次說給孩子們聽：

「是啊！好可憐，牠們沒有吃到多少好吃的食物，沒有玩到好玩的遊戲，沒有享受到春天、秋天的水溫，夏天沒有成群結伴游泳、交到知心朋友，沒有和大魚享受天倫之樂。」

粟米又想起像垃圾山一樣的小魚堆。

突然，一句呼喚：

「老師。」

粟米轉頭：
「大仁，你怎麼有空？」
「昨天園遊會，今天補假。」
他們一起聊天、說地。小女生和老師之間更是無所不談。
「快第一節課，回教室吧！」

十八

「第一節是科任課。」
孩子們往教室，粟米和經常回母校的大仁，往教師休息室走。
休息室沒有其他老師：
「大仁，幫老師到訓導處交這資料。」
大仁唯命是從，粟米改作業。
「這麼快！」
「我用跑。」
粟米驚訝！一本都沒改完。
「有老師的信。」

栗米接過一看，是明綠的字跡。

五年到了嗎？

「爲什麼要跑那麼快？」

「沒有。」

栗米楞楞地，看生性溫良的他。

「這茶糖給你吃。」

大仁與往常一樣，師生之間和母子之間，沒有兩樣。

兩人吃著茶糖。

栗米想到老家住北港，大仁他阿嬤。

原來，栗米和她阿嬤根本不相識，後來，她每次回北港再回台北的第二天，就碎小步碎小步的，跑到教室走廊來，給她絲瓜、苦瓜……。北港有拜拜，就帶給栗米，她認爲吃會平安，拜拜過的糖果、糕餅、雜物品。栗米不拿，他阿嬤就像栗米的媽媽、長輩一樣，頓足、罵她：「妳怎麼不聽話？」視她很久……。

久而久之栗米覺得，他阿嬤就是自己的長輩。

栗米把大約三十個茶糖，用訂書機封好袋口。

「大仁，老師從來沒給東西阿嬤吃，這帶回給她。」

「阿嬤不見了！」

「甚麼阿嬤不見？」

瞪眼、楞住。

「阿嬤呢？」

「九月十五晚飯後，我去補習班，回家就不見了！」

「去那裡？」

大仁舉出右手，伸出食指作死亡狀。

「這是代表什麼？」

大仁看出粟米會說話的眼睛，認爲沒有看清楚手勢，他再比手勢時，粟米才接受這事實。

「上學期快放寒假時，你阿公、阿嬤還氣極敗壞的，來找老師。說你在國中被壞孩子打、勒索……不敢上學，要老師到你學校找你的級任老師一趟；老師很忙，所以打電話，恰好導師在上課，後來我打去輔導室，輔導室又推給級任。」

粟米難過，沒有把長輩交代的事情，處理好，面色沉重。

「阿嬤是不是有心臟病？」急迫。

「她從未生病。」

「那死亡原因？」

「上面寫——心肌梗塞。」

「奇怪，沒有心臟病……。那是不是，因爲你在學校被欺負的事？」

「不是，她吃過飯坐在椅子上，咳嗽咳出痰和血，送到醫院就走了。」

「阿嬤幾歲？」

「沒病怎麼會咳血？」

說完大仁轉身走出，粟米轉頭看他，他也佇足門檻，轉頭看粟米。

他忘記和粟米說聲再見。

粟米又再一次感嘆，爲什麼自己的時間，總是不夠用？爲什麼糖果又遲到！人生何其短暫?!

她細心剪開信封口，她不知應該抽閱與否？她知道明綠沒有結婚，范氏和張劭的約期到了嗎？！

她呆若木雞以後，將信收入抽屜，最底層墊板下。

十九

一學期就這樣結束，大約十點多鐘，有限辦公室電話響起。

「有限，過兩天要過新年，我想帶昭明、昭龍往遠東百貨公司買棉襖。」

「好啊！」

「我們中午一起在地下樓吃飯。」

「好，再見。」

難得帶著兩個寶貝兒子逛遠東，他們在兒童部買到藍色小棉襖，粟米看看錶，還可以逛玩具部。

粟米等孩子玩一檯檯玩具，他們在小孩群中奔上跳下，快樂的模樣，粟米無限的欣慰滿足，走近孩子身邊。

「到地下樓，爸爸會走過來陪我們吃飯。」

「媽媽，好，我們快去。」

粟米牽著兩個活潑、快樂、人見人愛的孩子，走到地下樓西餐廳，看看錶。

「媽媽，現在幾點？」

「再十分鐘爸爸就會到，我們坐這個靠邊的位子。」

「二、三、四、恰好一個等爸爸坐。」

粟米和昭明聊天，昭龍走來走去。

「媽媽，爸爸怎麼沒來？」

「他馬上就來。」

昭龍閒逛回粟米身邊撒嬌。

「媽媽，爸爸不來，我要先吃，我肚子餓。」

「再等十分鐘。」

「媽媽，那我再去走走。」

粟米點頭。

「媽媽，爸爸去哪兒？」

「你在這兒等弟弟，媽媽打電話。」

「知道，快回來呦！」

粟米點頭。

粟米表情沉重回座位，李有限十一點就出去了。

粟米強忍傷心，滿面是孩子認爲最美麗的笑容：

「你們要吃甚麼，告訴媽媽。」

「我吃牛排。」

龍說：

「我也吃牛排。」

「弟弟拿單子給大哥哥煎牛排。」

「媽媽妳吃什麼？」

「媽媽肚子有點痛，回家再吃。」

小孩子心情複雜已寫在臉色，他們一面吃，一面看粟米的表情。

不等倆吃完，粟米心已經在家裡，想起最近幾個星期以來，他命根子皮膚有問題，總是偷偷的買一大堆藥擦，好了，過幾天又復發。

前幾天晚上。

「爲甚麼擦這廣東目藥粉，不去看公保？」

他似乎有難言之隱，粟米想不出，他不去公保的原因。前天說好粟米陪同到公保，誰料兩個到了公保，有限還要轉往延平北路的私人醫院。

他們在公保大樓前生氣。

「昨晚看到都起水泡了，你還這樣？」粟米快哭出來。

還是拗不過有限。

好複雜的心境，回到家，粟米拿起話筒：

「阿母，有限有回家嗎？」

「沒有啊！有方也找不到他。」

「媽媽，再見。」

昭明走到客廳。

「媽媽，爸爸不要我們了！」

「我們沒有哪兒不好，爸爸是去忙吧！你們乖，睡午覺去。」

昭明、昭龍往自己的臥房走。

粟米在書房鉤床單等有限。

昭明走出臥房：

「媽媽，我幫你放鄧麗君的音樂。」

「好乖呀！小聲點，不要吵你們睡覺。」

音樂聲起，昭明回臥房。

「……好花不常開，好景不常在，……。」

「……。」

粟米等到快睡著，迷糊中，有限近日體重直減，面色黑暗，連要求三、四次要參加國泰的保險……。

「好好的爲甚麼想到要保險？我們有公保啊！」

他不作聲。

粟米睡著了。

好不容易有限下班到家，沒有失約的原因，就是原因，誰不無奈！

二〇

過了農曆年，第二天晚上，有限帶著妻兒從娘家返回，用肩膀扛昭龍直上四樓。

稍後他們先後進入臥室。

粟米擦乳液。

「好了沒？快來睡。」

「你不是那裡痛？」

「又好了。」

「到底是甚麼病！反反覆覆的！我有點怕你傳染。」

「戴保險套。」

「才不要，你沒看我喜歡自然的東西？」

他摟住……。

「三年沒見到女人，明天晚上再說。」

「明天要值班，值班回來要作客，今天不，妳會等很久！」

「阿母說：年初三不要到菜園摘菜，也不要作客。」

她用力拉走他的手：

「老一輩的說：送窮鬼的日子，不聽長輩言，吃虧在眼前。」

他用力拉：

「沒關係。」

他忙著戴……。

粟米在微弱燈光下看見表皮好好的：

「不要戴，戴那我不喜歡啦！煞風景！」

有限下班回到，粟米已經幫昭明、昭龍換好作客服裝，粟米穿著美麗的套裝。

有限道：

「外面冷風颼颼，龍不要穿這件。」

「沒關係，來媽媽幫你換一件。」

「這件沒有剛才那件可愛。」

從來未曾如此，今天有限是怎麼了？

長得像極他阿爸的昭龍，被他阿爸雙肩扛，雙手牽，頭快頂上樓梯頂，唱著：

咱二人，做陣遮著一支小雨傘（一支小雨傘），雨越大，我來照顧你，妳來照顧我（你來照顧我），雖然雙人行相偎，遇著風雨這呢大，坎坷小路又歹行，咱著小心行，你甲我，做陣遮著一支小雨傘（一支小雨傘），雨越大，渦甲淡糊糊……。

一家四口，隨著有限歌聲高高興興下樓。

車行不久：

「停下來，買兩籃柳丁。」

粟米點頭。

「昭明、昭龍、媽媽和爸爸去買禮物。」

「知道。」

車繼續悠閒前行中，有限又：

「只二籃水果不夠，再買四瓶香檳。」

「剛才那家麵包店，好多過年的禮品，怎麼不一次買齊？」

「一份給同學，一份給住附近，我服役時的老班長。」

「媽媽，怎麼一直停車？快到了沒？」

「還好遠，你累了嗎，睡覺好不好？」

「我不想。」

「你們乖，爸爸、媽媽去買。」

有限搶著付款。

車繼續前行：

「粟米，我們加幾個互助會？」

「三個二十萬的都快包尾家。」

未曾過問經濟狀況的有限，使敏感的粟米感覺有點異常：

「你今天怎麼搶著付款？」

「皮夾還有好幾千元沒關係！」

「留著花呀！大男人口袋錢用光光，怎麼見朋友？」

「寢室〇〇七裡還有。」

粟米：

「孩子都睡著，我睏，我睡一程，你小心開！」

「開玩笑，兩個可愛的孩子，漂亮的老婆，難道要給別人接收？」

「還沒喝酒像已經半醉！說甚麼無聊話！」

粟米醒來，天色已經很暗，四周景物似曾相識，有限卻繼續前行：

「右前方就是那老班長的家呀！」

「不是。」

不是粟米的朋友，她猶豫一下。

有限很有信心繼續前開，過了班長家兩百多公尺，有限突然注意前後左右，緩緩調轉車頭，繼續慢慢搜尋前行。

過了目的地約二百公尺處，突然停車，隨即打開車門，過馬路。

有限長一頭烏金亮麗的頭髮，粟米立即轉頭，身子雙手超越昭明、昭龍的座位，拿到一頂有限的帽子，跑到縱貫公路邊時，有限已經不知去向！她只好無奈的，讓酸雨淋濕有限的頭髮。

回到車上：

「媽媽，爸爸每次怕毛毛雨，怕掉頭髮，今天怎麼不等媽媽拿帽子？」

「是啊！下車問路，也不告訴媽媽，讓媽媽陪他去，一衝出就不見人影！」

「好冷！我們在車上等爸爸，媽媽妳不要下去。」

「好，媽媽不下去，快七點鐘，你會餓嗎？」

「我想吃飯。」

「我也想吃飯。」

「奇怪，爸爸問路怎麼問好久，沒有回來！」

「媽媽，我不知道。」

「我也不知道！」

「剛才有個聲音好大，像電筒爆炸，你們有沒有聽到？」

他們齊聲道：

「有。」

「爸爸熱心幫助別人，會不會是幫忙別人，搬運東西？」

「媽媽，過新年有人搬東西嗎？」

「媽媽，他會不會去看熱鬧？」

「你們乖，不要玩車上的零件，媽媽下車看看。」

「媽媽，黑黑妳怕怕，我陪妳去。」

「謝謝，你乖，陪弟弟在車上呀！」

「知道，妳快點回來。」

昭龍也道：

「妳快點回來。」

粟米點頭。

大地一片漆黑，冷風颼颼中，甚麼看熱鬧的人也沒有。她往馬路前行，只望見前方約兩百公尺處，停放一部中型卡車。

粟米墊腳看看，他是否在後載幫忙疊東西？後載空無一事。

她走往駕駛座，墊腳看看，無一人一物。

她繞過車頭，來到駕駛座旁的座位門旁，奇怪有一人躺在駕駛座上，雙腳伸出卡車門外，穿著一雙白色的襪子。

這襪子不是有限的嗎？

有限怎麼平靜、路燈照明下，顯現慘白悲痛的在這兒！腰間的一大串鑰匙，都不會、不能開門了！

粟米輕輕摸他額頭，突然嚇住。

她心律又不整起來：有限發生車禍了！

「有限，不要怕，我是粟米，我帶你去醫院，你要忍耐。」

他堅強起來，向四周看。

有一約二、三十歲者，正往路邊人家走去。

粟米追過去，就是他，就是他撞到有限，粟米悲憤大罵：

「你怎麼沒良心，他沒有那兒受傷？撞到人還不趕快送醫？你以為他死了，想載去丟掉，以為我不會知道！」

「要保留現場。」

「你就等於現場，現場可以保留，人命更重要！」

司機有酒味、發抖：

「好……。」

粟米坐中間，輕移有限雙腳進車內，輕輕斜扶有限躺在胸前。

卡車一發動，兩百公尺外，注視情況的昭明、昭龍哭叫：

「媽媽……媽媽……。」

卡車經過有限剛才開的座車，粟米大聲向窗外急喊：

「昭明、昭龍……昭明、昭龍……媽媽帶爸爸去醫院……有大人來，請他打電話給分局的雲厚舅舅，請舅舅來接你們回舅舅家。」

他們探出頭兒，哭喊中拍打車窗。

「不要……不要……我也要去……。」

雙方轉頭，漸漸叫聲大得互相聽不清楚，小孩子的哭聲，叫媽媽的震波，卻能劃破細雨紛飛的黑夜：

「媽媽……媽媽……媽媽……。」

「先生，拜託開稍為快點。」

他點頭。

他們心肺顛倒，喉頭哽住。車行中，粟米眼目不離有限：

「你要忍耐，我帶你到醫院。」

有限似乎有聽到！他應該有聽到！他知道粟米趕來，帶他到醫院吧！

「怎麼辦？我老公眼睛、鼻孔、耳朵、嘴角流出血。」

粟米在背包中拿出小手巾，拭乾又像血泉一樣，她不忍心將血擠在地上，而血水滲透她的胸襟，流向她的裙擺。

「先生，這附近有沒有醫院，到最近的一家。」

他顫抖、口吃道：

「大約五分鐘車程，有一家。」

「好，拜託。」

卡車停在小街道邊，除了醫院鄰居，在窗縫向外看有限和陪他來的人之外，靜悄悄的。

護士小姐抬出擔架，有限終於見到醫生的面。

粟米心頭湧出希望。

不超過一分鐘，護士小姐遞來一張小紙，寫：病危二個字。

粟米全身顫抖，腦海明白不是病危，有限那有可能如此！

醫生們忙為有限打強心針、戴氧氣罩……。

粟米心頭湧現新希望。

醫生走來粟米前面：

「對不起，醫院規模小，他已經傷到生命中樞，救護車，護士帶你們上大醫院。」

粟米的希望終於有所寄託，救護車在高速公路急速前進。

「你要忍痛，粟米在你身旁，別怕，你要忍耐……。」

「李太太你看那字幕！」

北上路段擁擠。

「司機，那怎麼辦？」

「我看不要到長庚，前面就是交流道。」

護士小姐道：

「快！太太快決定，你先生剛才在我們的醫院就已經瞳孔放大，就要來不及了。」

「好，到最近醫院。」

「最近是省立醫院。」

不醒人事的有限別無選擇，來到連新年都滿爲人潮的急診室，所幸角落有一臨時躺身之地。

醫生診察完畢，隨即傳送到粟米手上，更大張的病危通知，當然粟米認爲，愛護妻子的有限，只要不流血，應該沒有生命危險。

然而他的血繼續流，粟米擔心他失血過多，會失去生命，請求輸血。

血牛立刻趕到，血一袋一袋的輸，衛生紙一包一包的吸。

又傳來一張病危通知，粟米不以爲然。

在她三十多的人生裡，根本不認識這四個字，她更不知醫生寫那四個字，有若驗明正身，開死亡證書一樣謹慎。當然她不認爲那字殺傷威力有多大，大得使多少人痛不欲生。

她打完電話回急診室。

醫生：

「李太太，抱歉，是腦挫傷，我們習俗是不要在外過去，是否……。」

「沒有，他會好的，幫他做腦波斷層掃描。」

除了粟米緊張外，似乎有限一直躺在那兒。

終於有限的好朋友，被粟米電話請來，他急急進去，診察後，腳步異狀、遲滯、面貌和有限差不多慘白。

「劉醫師，請你幫他作斷層掃瞄。」

「沒有用的，不是我不幫助他，是他被撞到太厲害了；他的腦像豆腐掉在地上。」

「不是這樣！」

粟米下跪：

「假如他不是你的朋友，是你的阿爸你怎麼對他？」

他牽起血淚滿襟的粟米，並且指示是醫生，也是他的學生說：

「馬上作斷層掃描。」

有限被推進掃瞄室，不知誰，有了生機？

當他被推出時，粟米驅前，醫生道：

「還有百分之一的希望。」

「曾經有人這樣活過來嗎？」

「有。」

「臺灣嗎？」

「是文獻上記載。」

哪怕百分之一的希望，她也要等，有限年輕力壯，他會活的。

終於有限進入加護病房。

她一向明白有限對家的重要，沒有任何力量可以取代。今天她傾家蕩產，醫治他也在所不惜。

張秀亞女士說：『一片雲偶而自你的窗前飄過去，請不要任意讓他過去!!感受這有情人間，寫下生命中的每一個點滴。』

雖然她是勸人，留下心靈感動的篇章，然而粟米往後的人生，有植物人有限的陪伴，應該如寫作者，好鳥枝頭亦朋友，落花流水皆知心。

夜已深深，孤坐病房外，失魂落破，胡思亂想：

那次郊遊的日子，路邊賣荔枝……你下車買一大串幾乎無子的荔枝上來。不到一個鐘頭，我吃完所有的荔枝，如今還感到不好意思：年年如此，比楊貴妃吃得還要多。

如今，春假就要來臨，想到剛摘下來配著綠葉的荔枝串，我皮一個一個的剝，果肉晶瑩剔透的荔枝，好像就甜到嘴裡。

那天路邊有個賣鳥、賣雞人，粟米：

「老闆，這雞好可愛！養會長大嗎？」

「會呀！」

「一隻多少錢？打過預防針的嗎？」

「打過，每隻五元。」

明、龍蹲下來幫忙選小雞。

「媽媽，這隻大的好。」

「好，這隻站在食器上吃飯，特別聰明。」

老闆一連捉到四隻，聰明、健康的小雞，回到家照電燈養啊養，牠稍大，帶牠們到頂樓，爲牠們搭雞舍，牠們雖然三隻公雞，一隻母雞，卻快快樂樂的。

第七個月開始，母雞生了十多個蛋，粟米不忍心母雞年紀小小的，就要作媽媽。讓牠休息到第四胎蛋時，才讓牠孵十一個蛋。

第二十天起，牠們陸陸續續的啄蛋殼而出。

粟米看見母雞一隻一隻的幫忙破殼。不忍母雞太累，把還濕濕的雞仔，抓到你佈置有燈的籠子裡，牠們在我們的大臥房裡，度過冷冷的幾天。

有了十隻小雞可以傳宗接代，都會區人容不下，美妙的雞啼，三隻公雞、七隻小雞、在粟米的哭哭啼啼中，過年前被他送回鄉下家。母雞和兩隻小公雞，一隻小母雞，在粟米家頂樓每天逍遙自在。

誰料，雅房租給一位四十多歲的單身漢，起初還規矩，到後來，總是對餵雞的粟米，像牽著的豬哥一樣，口水滴滴落。

硬要把兩對雞拆散，成兩隻公雞，一隻母雞，在一次三日遊的自強活動返回時，一隻老母雞，慘遭心理變態者打得皮開肉綻。

不知道，他留下兩隻公雞，一隻母雞同住一個屋簷下，意味的是甚麼？

不久，這不知粟米有多惜緣，多愛生命的房客當然被女主人請出家門。

一日下班回到家，電話鈴……鈴……。

「粟米，七隻小雞全部被狗咬死！」

「什麼？妳不是蓋好的嗎？好可憐！都長到一斤重了，我捨不得！是想反正牠有人疼，才捉回去的！」

又是一個難忘的悲劇，還在的樣子！

新母雞也一連生了七、八天的蛋。

一日，粟米下班到家，匆忙趕到樓頂，餵不知餓不餓的雞。奇怪，三隻雞不見了！她心急萬分中，發現牠們飛到頂樓外，花臺裡玩土，牠們一見粟米立刻又飛舞又叫跳，飛出花臺。

粟米微笑走向牠們，差點心臟麻痺，怎麼少了一隻公雞！

她找遍頂樓，急得半死。

「老公，公雞少一隻怎麼辦？」

其實，叫他回答甚麼？

急得像熱鍋上的螞蟻，突然靈機一動，牠們會不會爲了爭母雞而打架，掉落樓下？

粟米急步走到陽台向下看，那部汽車頂上，不是公雞嗎？

「老公，雞掉到樓下，我不敢撿，我不敢見死的牠！」

她哭哭啼啼。

「妳這種人不能養狗，誰知道妳連養雞也如此！下次不帶妳去買小雞，妳呀！只能退休後搬到鄉下種菜，我洗好澡去幫妳抓。」

粟米再往陽台俯視，不對呀，公雞是抬頭的！難道從高樓下跌牠還活命？

她飛也似的衝下，救人一命，勝過七級浮屠。

當她來到雪白羽毛公雞前，牠竟然像人一樣叫苦連天。

她小心抱回公雞。
在廚房門口，發現牠已經斷一條腿，只好鋪報紙，奉水、米糠飯。
可是她一次也不吃，直瞪著粟米作栥。
「把雞殺了，不然死掉可惜！」
粟米不可能回答他！
當她把栥擺滿一桌，走往臥房，公雞竟然，獨腳跳到粟米房門前，才蹲下去，她感動得眼眶熱熱的。
那晚，爲了照顧牠，公雞睡在粟米一夜未關的房門邊。
接連幾天，雖然牠站不起來，樓頂公雞啼的時候，牠還會互相應和。
每天四點多，見到粟米下班回家，牠才肯吃一點。
粟米認爲牠太久沒和雞在一起，無見天日，會憂鬱、生病。抱牠到頂樓，蹲下來餵水、餵飯。
誰料，另一隻公雞一見到牠，卻急急的來攻擊粟米手中的牠。她立刻抱起牠，然後把健康的公雞關進雞籠。
秋高氣爽的黃昏，久別的母雞，終於能在頂樓，陪一下坐著的公雞。
誰又明白，當粟米用過晚餐，還未天黑，到頂樓看牠們時，母雞已經回家，留下一隻獨腳的公雞，在大大的頂樓中央，坐著吹涼涼的秋風。

粟米不忍，抱起牠放進雞籠裡，請母雞晚上陪牠。

第二天上班前，抱牠回家，坐在報紙上。

亂七八糟想了一大串：雞與雞之間，人與雞之間有相同的寫照，也有脆弱的一面，況且是夫與妻之間呢?!

突然有一想法：就算有限不幸成爲植物人，她旅途坎坷，她也感謝有有限繼續陪伴的日子。

白天探望有限的人群，不斷的湧進。

學校同事來探望有限，走出加護病房，七嘴八舌的：

「你們夫妻爲人良善，不會有事，要放心……。」

「要吃一點。」

「八天都度過，沒問題的。」

「瘦一圈，將來怎麼照顧孩子？」

粟米走往有限身邊，輕輕摸他額頭，感覺稍有起色：

「有限，有限……我叫你，你知道嗎？你知道，只是回答不出來是嗎？沒關係，我請雲厚到臺大找腦神經權威——洪慶章醫生，看看他上個月到美國，有沒有帶回先進的藥，到時候你就醒過來了。」

夜又深沉，粟米東想西想，所幸玉貞、雅貞前來陪她。

「阿母沒來？」

粟米明白她阿母，厭倦山腳下滾滾紅塵，生生的離別，牆上黑黑、冷冷的影子，早已取代熱熱的情懷。粉紅色的衛生衣，銀耳環，還給物主，說是尼姑命來的，她不再受子女、家娘不願她上山的束縛，不願爲阿爸綑綁層層鎖鏈，她要尋回她屬於蟬鳴、屬於淨水的自己，她要回尼姑命去。

「早上我們回家約阿母，陪阿母在井邊洗衣，阿爸恰好提一串五花肉回到井邊，和阿母說：

「這肉煮酸菜湯給我吃。」

「等這件洗好就煮。」

阿爸把肉一丟，抱起我汲滿的一大盆水，往阿母頭上倒。」

「阿母大衣都濕透了嗎？」

「不濕透也從頸項流下去，到腰部流出到長褲裡！」

「她上山了。」

「妳們有陪她走嗎？」

「有啊！阿母被帶往禪房。」

「她何時下山來？怎麼沒和我商討？」

「妳一定不肯！也太遲了！見面時，不知再給誰挽髻的髮絲已斷？四個點兒，長伴青燈木魚。」

其實下山來又有甚麼精神支柱？不是秋扇，是不能悟出上山人，是何等的心甘情願！

「姊夫好起來時，我們去請她回家！」

雅貞陪粟米打電話：

「哥哥，藥有沒有？」

「今天請朋友在開刀房門口等了一天，醫生才出來，明天送達。」

「多少錢？」

「一支一萬元，是實驗藥，沒有人用過。」

「好，沒關係你先幫我墊。」

「阿母在那兒，我不放心。」

姊妹三個坐病房外。

「唉呀！阿姊，妳擔心那麼多幹什麼？」

「是啊！有菜園可以種菜，一早起來掃落葉運動，阿母說不要你知道她的事。」

「不說我也明白，我已經不反對了，心裡早已準備好，她擁有的後半段人生，僅僅是：上山、落髮、成師傅、住一小室；室內一單人床、一跪拜方塊地、一牆壁經書，一幅佛像而已。」

「玉貞，十一點了，我們先進去見姊夫，阿姊等一下進去。」

粟米滿懷希望，看著她們進入病房。

在有限身側，玉貞、雅貞輪流喚有限：

「姊夫……我是玉貞。姊夫……我是雅貞。」

「……。」

又是流不盡的淚滴，她們擦拭擦不乾的淚水以後，裝回進病房時，美麗的臉蛋，走出見門外等她們的阿姊。

「阿姊，雅貞今晚回我家住一宿，還是在這陪妳？」

「不用陪我，姊夫他姊姊、兄弟……每天都來幾趟，待會他兄弟還會來，明晚妳姊夫好點，我會到玉貞家洗頭、洗澡，讓妳姊夫看到漂亮的我。」

「好，希望他聽到妳說的話。」

「我們等妳從病房出來，妳進去吧！」

「妳們先離開，我要陪他到會客時間完畢。」

玉貞、雅貞頻頻轉頭，看粟米的步履孤獨。

二十一

第二天上午。

「李有限家屬請進來。」

粟米在雲厚夫婦、有方、有立……群中走出。

「李太太，請進。」

有限在粟米希望的眼見下，用管道輸入的方式用第一劑藥。

「大夫，這藥用完能否買到？」

「買不到，除非洪醫生開處方。」

「謝謝。」

粟米走出病房：

「哥哥，你回台北，幫我再找洪醫生開處方，照處方買得到藥。」

「買幾劑？醫生很難找。」

「買四劑好了。」

上班的上班，粟米、有限、探病同事來來往往。

但是留下兩位未曾和粟米聚會，有限的同事。

這時也突然來了，打扮非常時髦，燙的是爆炸頭，戴著墨鏡的女人。

有限同事用眼神暗示粟米：她是他的紅粉知己，讓她進去和他說說，說不定會醒過來。

粟米那有多餘的坑谷，可以填寫檔案。

當然她們不會等粟米答應，才進出病房。

下午約二點鐘，當粟米見到他時，發現有限額頭、鬢肥、嘴角都是汗水，粟米知道這是用藥的作用，他拿起軟毛巾輕輕擦，慢慢和他說：

「有限，你要勇敢。醫生說腦壓降低，就可以幫你開刀，要快好起來。媽媽身體不舒服，她不知道你還沒有醒過來，你醒過來，我第一個告訴她……你過幾天就可以回家，今天已經第十天了，你就別讓她等太久好嗎？你是聽話，孝順的！」

醫院外已是下班時間，路上車水馬龍。醫院裡上午、下午卻沒什麼分別：張……家屬進來一下，過了一會兒，醫護人員，她們一起，推出一具，被白色床單蒙面的屍體。羅……家屬進來一下，過了一會兒，醫護人員和他們一起又推出……。

粟米外表看起來孤寂，其實內心如坐針氈，很擔心有限還沒開刀，就傳來：李有限家屬進來一下，加護病房外，最厭惡的傳喚。

正龍走出電梯：

「姊姊，玉貞吩咐我，下班過來接你回家。」

她慢慢的洗澡，想洗淨一身塵土；她耐心的洗頭，想洗去一頭的煩惱。可是不知怎麼樣？覺得自己像一棵長大的樹，蟲子長滿在葉子上，下再大的雨也沖不淨蟲子。

她胸口悶悶的，擦著擦不乾，洗不淨的身體，穿上衣服，準備趕回醫院。

玉貞急急說：

「姊姊，這蛋糕拿去吃。」

粟米在計程車上，含淚撕蛋糕塞到嘴裡。

她坐病房外看整整二小時，十天來沒有的現象……氧氣筒搬進、搬出。

這是怎麼回事？醫護人員進進出出，臉上也沒寫！會不會下一個是：李有限家屬進來一下！

會不會是救有限？

手錶剛到凌晨一點，護士小姐走出：

「李有限家屬進來一下。」

粟米心臟快要麻痺，面容慘白，步伐沉重。

「我們有習俗，不要在外過去，是否現在帶他回家？」

「醫生，他不會走，請再幫我救，他會活。」

「那請妳到外面等。」

粟米顫抖：

「謝謝……。」

過了半小時，護士小姐走出：

「李有限家屬進來一下。」

粟米見有限心跳、血壓急遽下降：

「醫生再幫我。」

醫生、護士用敏達的手腦，打強心針。有限的數字回昇一下，又緩緩下降：

「醫生，再幫我。」

強心針再也幫不了薄命女子，有限的數字，跟著粟米的眼淚急於落下，她模糊的看清楚血壓「0」脈搏「0」，但看不清楚自己還有多少淚？

寒風呼呼的吹著，毛毛細雨，打在有限的白被單上，粟米推著有限，走往醫院太平間。

人生的最後一段路好長！步子好重！誰能陪她？去一片冰山，等待驗屍的楊日松博士？

粟米終於明白，劉醫生的話，然而，爲什麼自己會把死人當活人醫？

運屍車上，明捧住香爐，龍一路哭哭啼啼，跟粟米召喚：

「爸爸，上車。爸爸過橋，爸爸回家……。」

進門，粟米要打電話通知玉貞、雅貞……誰料每個李家人盯梢她，監控她。

一日，桂花不問青紅皀白，在有限四個姊姊、兄弟、明、龍前面，拿起硬塑膠大拖鞋往粟米肩上、頸子劈打：

「爲什麼妳不問路？爲什麼妳要讓他發誓：我在外面有女人，出去就被車撞死……？錢都不給妳，辦喪事全部開完它，孩子留在家裡。」

四個粟米平常對她們，尊重如親姊姊的姑姑，沒有一個來救粟米。

等她發洩完畢。

粟米像剛結婚半年時一樣，跑到小路盡頭是墳墓，墓埔盡頭的小河岸上。

她在加護病房外，希望著他活起來。

有限終於拋棄煩惱，神遊於物外，縱情於天地。

以前還說以後讓粟米先死，有限太自私了！她嗚咽飲恨！

她有時像休克……幾天來，不管如何就是喚不開他的眼睛，他的體溫、心跳、脈搏，一切是命運捉弄。

她停止哭泣，彷彿聽到他曾經說：

「這輩子我不讓妳再受到任何委屈，咱們世世情緣，下輩子還要妳作我的新娘，妳要幫我生一個，像妳一樣細膩溫柔的女兒……。」

而今留下給她的，只有二十多個，對飲的小茶壺，日漸模糊殘缺的下樓腳步聲音，和加起來不滿十二歲，越來越高的小男兒！

完全屬於粟米的河岸邊，累了，她們關起寒透心靈的閘門，尋個單純的空無。

剎那間，數十本元曲，情辭流浪，一個孤獨的人影，她是怨婦，是李後主，不，是孤女，是孤雁，她無聲的喚著，遠行的丈夫。

一隻行單影隻的大雁，在寂天寂地，有細雨中飛翔：「雁兒，你我爭個甚麼？」

「孤雁，叫(教)河岸人怎睡？」

模糊裡，她吃不消，忘掉告訴有限，自己背脊隱隱痛楚已久，因而，她急遽找他，卻望到山坡上，紫紫成群的牽牛花，不斷的擾亂她的眼睛。

有限在美麗的黃昏中行走，沒有告訴粟米。有限走過一小溪、去大屯主峰，嚮往那飄飄的行雲，金橘的夕陽，她只好費盡力氣，望著山頂，拼命跑、拼命追有限。跑著，跑著，喘著，喘嘘嘘的，孤獨又力不從心時，突然一群山下打球的學生齊喊：

「老師……老師……妳別跑，妳別跑，上面沒有人，有荊棘，有墳墓，快下來。」

粟米覺得山雲寒寒，涊然汗流浹背。揉揉剛剛留有夕陽餘暉的眼睛，她撥開眼角冰冷的淚珠，滲到耳朵，顛顛倒倒的站起來。

看看錶，一個晚上過去，子夜二更，除了有限，是不會再有人在寒風冷雨中，來這裡接她回李家的。

她好冷、好餓、阿爸在苗栗，不知別人是怎麼樣待他女兒！

雲厚更是以爲天下的人，都是那麼正直，要求粟米把明、龍接回他那裡，沒想到留著孩子，至少可以和粟米有個伴。

玉貞、雅貞、以前粟米不想給她們壓力，今天沒有有限在李家，誰來救她？

若不是爲了明、龍、她認爲人生最後只有「一條白被單」她想請河水幫助她，成全李家人的希望，隨有限遠去。

她悄悄的走回，只見一家人坐的坐、打盹的打盹，有限走了，李家人的眼神世界，似乎沒有，也不必多一個粟米，來分區區的撫卹金。

她輕輕的，坐在有限的靈柩旁，等待求助的時機。

清晨，好不容易玉貞打來電話，粟米悄悄話告訴她：

「請阿哥或阿爸來，對方只肯賠三十萬，李家要抬棺抗議，我是公教人員，他們不能亂來！……。」

傳祖、雲厚、玉貞趕到，總算六十萬元和解，支票交付粟米手上。李家不可能輕易放過粟米的事，終於發生了，有限的兄姊阿姨道：

「錢都交出來，開一本帳戶，名字是粟米，印章交由阿母管。」

「或是把錢分三份，一份阿母，一份昭明，一份昭龍。」

「……。」

粟米帶雲厚到廚房：

「哥哥，我不要，又不是因公，有不少的撫卹金！現在，所有的錢都被家娘拿去給傳方，肇事者拿的三萬元也被傳方拿去，雖然我有工作，孩子要養大！撫卹金只有五十萬。」

有限口中疼惜他老婆的隊長：

「你媽媽，有有限的兄弟照顧，孩子還小，錢應該給粟米……。」

雲厚他們回客廳，鄰居、隊長，眼看情形不對，說完就好，再也沒有再進來說一句公道話。

雲厚是腳踏實地的人，他爲白髮人送黑髮人著想：

「粟米，給她！我們年輕，身體健康，就可以把孩子帶大，給他！出殯完，孩子帶走、帶好！」

聽話的粟米，乖乖的把三分之一支票交在桂花的手中。數目雖小，但分三份的方式（桂花、昭明、昭龍），如一刀割過頸部之痛、之疤痕，從此斬斷李家，曾經愛她的情絲。

爲此事件，往後的日子，她不知還有多少淚，可以像泉水一樣慢慢滴，直到山洪暴發，山崩潰那一天！

至今，還是沒有人能醒悟，粟米也不知，她到底做錯什麼？

啊！紅樓夢：欠命的命已還，欠淚的淚已盡……看破的遁入空門，癡迷的枉送性命。

誰一似鳥投林，落了片白茫茫眞乾淨？

二十二

回到台北，粟米暈倒，跌坐到客廳的沙發桌，尾椎骨裂隙紋數條，住院數週，只好玉貞來帶明、龍。

一日，李家一群人來訪，正巧玉貞到醫院，踹門不開，怒氣沖沖折返。

再過幾天他們又來，桂花又以不開門的理由毒打粟米一頓。

那晚粟米梳理日漸稀少的長髮，照著無光的面貌，擦欠缺養分的皮膚，用剩餘的力氣，緩緩移動到床上，便沉沉入夢。

這時他飄飄然帶著矮凳與苦悶，坐到床下來敘舊。

「分別後，過得怎樣？」

他指著頭顱，表示常常頭痛。又悽悽的看著她。她附過嘴去：「我幫你醫頭痛，有我關懷就沒有苦痛！來咱們談談，被子裡有你的溫熱，枕邊有我的細語柔情，明晨早點拉起我，還幫我們鋪平床、疊好被。」

粟米正要牽他的手時，似乎他想起了遨遊，而粟米又飲泣起來，吵醒了左、右手邊的昭明、昭龍：

「媽媽，不要哭。」

「昭明，媽媽不想活。」

「我也不想活。」

「那我也跟哥哥不想活。」

「媽媽跳到碧潭。」

「我也要去。」

「水很冷。」

「我不怕。」

「我也不怕。」

「那媽媽吃毒藥。」

「我不怕。」

「我也不怕。」龍說

半夜裡，明、龍、跟緊粟米走出客廳，他們哭泣起來，和鋼琴、牆上掛的大、小提琴的鐘、組成了小型室內樂，樂曲的名字是：印不住足跡的樓梯；旋律是：剛才抓不住昇華的影像。

「明、龍乖，去睡覺。」

「媽媽也要來睡。」

「好！」

粟米站窗前，下著毛毛細雨，只見水滴不住的澆在他的草坪上，消失在草根裡。

清明時節，草兒凝碧在粟米的眼裡，有限冰在土裡，用沉默的寒暄，回答粟米高聲的呼喚。

剎那間飄散一大白花，粟米隨白影死去，有限突然出現：

「妳哪兒不舒服？」

「我那節脊椎骨痛！」

「我帶妳看病去。」

有限攔住黃色計程車，打開的車門擋住有限的雙腳。

當粟米清醒時，卻見明綠坐在病床邊：

「我搬到頂樓出租套房，就近照顧妳好嗎？」

粟米搖頭……。

台北芝蘭之室　　一九九七完稿